논·술·한·국·대·표·문·학

45

명수필선

이양하 | 피천득 | 유홍준 외

훈민출판사

이양하의 〈신록예찬〉은 신록의 아름다움과 삶의 기쁨을 표현한 작품이다. 이양하는 생활에 대한 끝없는 애착과 관찰을 바탕으로 뛰어난 수필을 썼다.

The Best Korean Literature

유달영. 담백하고 진지한 인간상을 모색하는 철학적 수필을 많이 썼다.

김진섭의 〈백설부〉는 하얀 눈에 대한 예찬이 담겨 있다. 김진섭은 삶에 대한 외경을 바탕으로 한 서정적이고 사색적인 내용의 수필을 썼다.

안병욱. 청소년들에게 꿈과 희망을 전해 주는 글을 많이 썼다.

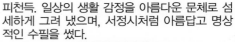

피천득. 일상의 생활 감정을 아름다운 문체로 섬세하게 그려 냈으며, 서정시처럼 아름답고 명상적인 수필을 썼다.

백록담. 최익현의 〈유한라산기〉는 한라산을 등반하면서 느끼는 제주도의 아름다움과 풍속, 날씨 등에 대해 자세하고 재미있게 묘사하고 있다.

방정환 동상. 방정환의 〈어린이 찬미〉를 읽다 보면, 그의 어린이에 대한 사랑이 얼마나 깊은지를 느낄 수 있다.

춘천 소양호. 피천득의 〈인연〉은 춘천을 배경으로 씌어진 작품으로, 일본 소녀 아사코와의 인연을 다룬 내용이다.

朔風卷行迷嚴冬霜
斷肌日入不遑息夏
歡客髮鬱寒暑人事
易中心君詎知氷玉徒
貞白　右韋應物擬
古詩一首　白蕃

김구의 글씨. 김구의 〈나의 소원〉에는 조국 광복의 간절한 염원이 담겨 있다.

The Best Korean Literature

함석헌. 일제 시대에는 반일 활동에 앞장섰으며, 군사 정권에 대항해 반정부 활동을 벌여 나갔다. 그의 수필 〈썩어지는 큰 나무〉에서는 이러한 그의 사상이 잘 나타나 있다.

월출산. 유홍준의 〈월출산과 남도의 봄〉에서는 월출산의 아름다움과 전라남도 영암, 강진 등지의 풍경이 잘 묘사되어 있다.

구인환(丘仁煥)

서울대학교 사범대학 졸업. 동 대학원 졸업(문학박사)
서울대학교 명예교수, 소설가(현). 서울대학교 사범대학 국어교육연구소 소장(현)
문학과문학교육연구소 소장(현). 국제펜 한국본부 부회장(현)
한국소설문학상(1987) 예술문화대상(1994) 한국문학상(2000)
작품 〈숨쉬는 영정〉, 〈살아 있는 날들〉, 〈일어서는 산〉 외 다수

- **저서** ≪한국단편소설의 이해≫, ≪한국현대소설의 비평적 성찰≫,
  ≪고교생이 알아야 할 소설≫, ≪고교생이 알아야 할 세계단편소설≫ 외 다수

윤병로(尹柄魯)

성균관대학교 국어국문학과 졸업. 동 대학원 졸업(문학박사)
성균관대학교 교수, 문학평론가(현). 한국현대소설학회장(현)
한국문예학술저작권협회 이사(현). 한국간행물윤리위원회 위원(현)
한국펜 문학상(1987). 한국문학상(1988). 대한민국문학상(1989)
수필집 ≪나의 작은 애인들≫

- **저서** ≪현대 작가론≫, ≪한국 현대 소설의 탐구≫,
  ≪한국 근대 작가 작품 연구≫, ≪한국 현대작가의 문제작 평설≫ 외 다수

홍성암(洪性岩)

고려대학교 국어국문학과 졸업. 한양대학교 대학원 국어국문학과 졸업(문학박사)
동덕여자대학교 교수, 소설가(현). 한국문인협회 회원(현)
한국소설가협회 이사(현). 국제펜 한국본부 소설분과 이사(현). 한민족 문화학회 회장(현)
창작집 ≪큰 물로 가는 큰 고기≫, ≪어떤 귀향≫ 외
대하역사소설 ≪남한산성≫(전9권) 외 다수

- **저서** ≪문학의 이해≫, ≪현대 작가론≫, ≪한국 근대 역사소설 연구≫ 외 다수

기획 · 감수

이경희의 〈현이의 연극〉에서 주인공 현이는 작가 자신의 딸이다. 사진에서 안경 쓴 아이가 현이다.

논술 *한국대표문학*을 펴내며

21세기의 사회는 '전자 문명 시대'라 일컬어질 만큼 오늘날 전자 산업은 우리 생활의 거의 모든 분야에 다양하게 응용되고 있습니다. 출판 분야 또한 예외는 아니어서, 종래의 서책(Book) 대신에 이른바 '전자책(CD-ROM)'의 출간이 최근 들어 날로 증가하고 있습니다.

그러나 이러한 전자책은 영상 또는 모니터상으로 흥미 위주나 백과사전식 지식을 습득하는 데는 효과적일지 모르지만, 문학 공부를 위해서는 별로 도움이 되지 않습니다. 바꾸어 말하면, 문학 공부는 각 지면마다 살아 숨쉬는 표현 하나하나를 독자 자신의 머리로 음미하면서 작품을 읽어 나가는 가운데, 풍부한 상상력의 배양과 함께 작가의 의도와 그 작품의 내면을 깊이 있게 이해함으로써 이루어지는 것입니다.

이에 훈민출판사에서는, 자라나는 학생들이 범람하는 영상 매체에 길들여지기 전에, 어려서부터 유명한 세계문학 작품들을 책자를 통하여 감명 깊게 읽고 감상함으로써, 올바른 문학 공부의 기틀을 다지고, 아울러 전인 교육도 할 수 있도록 《논술 한국대표문학(전60권)》을 펴내게 되었습니다.

작품 선정은, 초·중·고등학교 국어 교과서와 역사 교과서에 실리거나 소개된 문학 작품을 중심으로 하되, 그리스 신화와 성경 이야기 등의 고전에서부터 중세·근대·현대에 이르기까지 세르반테스·셰익스피어·톨스토이 등 세계 유명 작가들의 장·단편 소설들을 엄선·수록하였습니다. 또 세계의 명시도 별권으로 엮었으며, 특히 각 단락마다 '논술 문제'를 제시하여, 장차 대학입시를 비롯한 각종 '논술 고사'에 예비 지식을 쌓을 수 있도록 배려하였습니다. 아무쪼록, 이 《논술 한국대표문학(전60권)》이 자라나는 학생들에게 문학 공부의 주춧돌이 되고, 나아가 미래를 살아가는 데 정신적 자양분이 되기를 진심으로 바라 마지않습니다.

훈민출판사

차례

명수필선

1168~1241년. 고려 후기의 문신, 호는 백운거사. 명종 19년 사마시, 이듬해 문과에 급제하여 관리가 되었다. 호탕 활달한 시풍은 당대를 풍미했으며, 특히 벼슬에 임명될 때마다 그 감상을 읊은 즉흥시는 유명하다. 몽골군의 침입을 진정표로써 격퇴한 명문장가였다. 저서에 《동국이상국집》, 《백운소설》, 《국선생전》 등이 있다.

슬 견 설

어떤 사람이 내게 말했다.

"어제 저녁, 어떤 사람이 몽둥이로 개를 때려죽이는 것을 보았네. 그 모습이 불쌍해 마음이 너무 아팠네. 그래서 이제부터는 개고기나 돼지고기를 먹지 않을 생각이네."

그 말을 듣고 내가 말했다.

"어제 저녁, 어떤 사람이 화로 옆에서 이를 잡아 태워 죽이는 것을 보고 마음이 무척 아팠네. 그래서 다시는 이를 잡지 않겠다고 맹세를 하였네."

그러자 그 사람은 화를 내며 말했다.

"이는 하찮은 존재가 아닌가? 나는 큰 동물이 죽는 것을 보고 불쌍한 생각이 들어 말한 것인데, 그대는 어찌 그런 사소한 것이 죽는 것과 비교하는가? 그대는 지금 나를 놀리는 것인가?"

나는 좀 구체적으로 설명할 필요를 느꼈다.

"무릇 살아 있는 것은 사람으로부터 소, 말, 돼지, 양, 곤충, 개미에 이르기까지 모두 사는 것을 원하고 죽는 것을 싫어한다네. 어찌 큰 것만 죽음을 싫어하고 작은 것은 싫어하지 않겠는가? 그렇다면 개와 이의 죽음은 같은 것이겠지. 그래서 예를 들어 말한 것이지, 어찌 그대를 놀리려는 뜻이 있었겠는가? 내 말을 믿지 못하거든, 그대의 열 손가락을 깨물어 보게나. 엄지손가락만 아프고 나머지 손가락은 안 아프겠는가? 우리 몸에 있는 것은 크고 작은 마디를 막론하고 그 아픔은 모두 같은 것일세. 더구나 개나 이나 각기 생명을 받아 태어났는데, 어찌 하나는 죽음을 싫어하고 하나는 좋아하겠는가? 그대는 눈을 감고 조용히 생각해 보게. 그리하여 달팽이의 뿔을 소의 뿔과 같이 보고, 메추리를 큰 붕새와 동일하게 보도록 노력하게나. 그런 뒤에야 내가 그대와 더불어 도를 말할 수 있을 걸세."

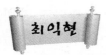
최익현

1833~1906년. 조선 후기의 학자이자 의병장. 을사조약 체결 이후 전북 태인에서 의병을 모집, 약 400명의 의병을 이끌고 관군·일본군에 대항하여 싸웠으나 체포되어 쓰시마 섬에 유배되었다. 유배지에서 지급되는 음식물을 거절하고, 단식을 계속하다가 굶어 죽었다. 문집에 《면암집》이 있다.

유한라산기

고종 10년 계유년 겨울에, 나는 조종에 죄를 지어 탐라로 귀양을 가게 되었다. 하루는, 섬사람들과 산수에 대해서 이야기를 하였는데, 내가 말하기를,

"한라산의 명승은 온 천하가 다 아는 바인데도 읍지를 보거나 사람들의 말을 들어 보면 구경한 이가 아주 적으니, 이는 못 가는 것인가, 아니면 가지 않는 것인가?"

하니, 그들이 대답하기를,

"이 산은 4백 리에 뻗쳤고, 하늘에 닿을 듯 높이 솟아서, 5월에도 눈이 녹지 않습니다. 그뿐만 아니라, 그 정상에 있는 백록담은 선녀들이 하늘에서 내려와 노는 곳으로, 아무리 맑은 날이라 할지라도 영주산이라 일컫는 곳으로서, 삼신산의 하나에 들어가는데, 어찌 범상한 사람들이 쉽게 구경할 수 있겠습니까?"

하므로, 이 말을 듣고 자신도 모르게 놀랐다.

그 후, 고종 12년 을해년 봄에, 나라의 특별한 은전을 입어 귀양살이에서 풀려나게 되었다. 그래서 한라산을 찾을 계획을 하고, 이기남 선비

에게 길을 안내해 줄 것을 부탁하였다. 일행은 어른이 10여 명에 짐꾼 오륙명이 뒤를 따랐다.

3월 27일, 남문을 출발하여 10리쯤 가니 길가에 시냇물이 흐르는데, 이는 한라산 북쪽 기슭에서 흘러내리는 물들이 모여서 바다로 들어가는 시내였다. 언덕 위에 말을 세우고 벼랑을 따라 수십 보를 내려가니, 양쪽 가에 푸른 암벽이 깎아지른 듯이 서 있고, 그 가운데에 큰 돌이 문 모양으로 걸쳐 있는데, 그 길이와 넓이는 수십 인을 수용할 만하며, 높이도 두 길은 되어 보였다. 그 양쪽 암벽에는 '방선문등영구'란 여섯 자가 새겨져 있고, 또 옛 사람들의 제품들이 있었는데, 바로 한라산 10경 중의 하나이다. 문의 안팎과 위아래에는 맑은 모래와 흰 돌들이 잘 연마되어 그 윤기가 사람의 눈을 부시게 하였고, 수단화와 철쭉꽃이 좌우로 나란히 심어져 있는데, 바야흐로 꽃봉오리가 탐스럽게 피어나고 있어, 이 또한 비길 데 없는 아름다운 풍경이었다. 나는 이런 풍경에 취해 한참 동안 발걸음을 옮길 수가 없었다.

다시 언덕으로 올라와 동쪽으로 10리쯤 가니 죽성이라는 마을이 나오는데, 즐비한 인가가 대나무 숲에 둘러싸여 있었다. 날이 저물어 어느 큰 집에 숙소를 정했다. 하늘이 컴컴하고 바람이 자는 게 비가 올 것 같아, 잠을 이루지 못하고 뜬눈으로 밤을 세웠다.

새벽에 일어나자마자 짐꾼에게 날씨를 물었더니, 어제 초저녁보다 오히려 더 심하다는 대답이었다. 또, 바로 돌아갔다가 나중에 다시 오는 게 좋겠다는 의견이 대부분이었다. 그러나 나는 술 한 잔과 국물 한 모금을 마신 다음, 일행의 의사를 어기고 말을 채찍질하여 앞으로 나아갔다. 돌길은 험하고도 좁았다. 5리쯤 가니 큰 언덕이 나타나는데, 이름이 중산으로, 대개 관원들이 산을 오를 적에 말에서 내려 가마로 바꾸어 타는 곳이었다.

여기에 이르니, 갑자기 검은 구름이 걷히고 햇빛이 비치어 바다와 산들이 차례로 자태를 드러내기에, 짐꾼을 시켜 말을 돌려 보내고, 가벼운 옷차림으로 짚신에 지팡이를 짚고서 올라갔다. 집 주인 윤규환은 다리가 아파 돌아가고, 나머지는 모두 일렬로 내 뒤를 따랐다.

한 줄기 작은 길이, 나무꾼과 사냥꾼들의 내왕으로 약간의 형태는 있었지만, 갈수록 험준하고 좁아서 위태로웠다. 구불구불 돌아서 20리쯤 가니, 짙은 안개는 다 걷히고 날씨가 활짝 개었다. 그러자 일행 중 당초에 가지 말자던 사람들이 날씨가 좋다고 하므로, 나는

"이 산 구경을 중도에서 그만두자고 한 것이 모두 그대들이었는데, 어찌 조용히 삼가지 않는가?"

하였다. 여기서 조금 앞으로 나가니, 바위 틈에서 물줄기가 쏟아져 나와 굽이굽이 아래로 흘러간다. 평평한 돌 위에 잠시 앉아 갈증을 푼 뒤에, 물줄기를 따라 서쪽으로 갔다. 비탈진 돌길을 넘고 돌아서 남쪽으로 가니, 고목을 덮은 푸른 등나무 덩굴과 어지럽게 우거진 숲이 하늘을 가리고 길을 막아서 앞으로 갈 수가 없을 정도였다. 이런 데를 10여 리쯤 가니, 가느다란 갈대가 숲을 이루었는데, 그 아름다운 기운이 사람을 엄습해 왔으며, 또 앞도 확 트여서 바라볼 만하였다.

다시 서쪽으로 1리쯤 가니, 우뚝 솟은 석벽이 대처럼 서 있는데, 뾰족하게 솟은 것이 수천 길은 되어 보였다. 이는 삼한 시대의 봉수 터라고 하지만, 근거가 될 만한 것이 없고, 또 날이 저물까 염려되어 가 보지 못하였다.

다시 몇 걸음 더 나아가니, 가느다란 골물이 흐른다. 물줄기를 따라 위로 올라가니 빙설이 가파른데, 잡목들이 뒤엉켜 있어 머리를 숙이고 기어가느라고 몸의 위험이나 지대가 높은 것을 깨닫지 못하였다. 이렇게 기다시피 6,7리를 가니 비로소 상봉이 보이는데, 흙과 돌이 서로 섞

이고 평평하지도 비탈지지도 않으며 원만하고 풍후한 봉우리가 가까이 이마 위에 있었다. 거기에는 초목은 나지 않았고 오직 파릇한 이끼와 덩굴만이 바위에 깔려 있어서 앉아 쉴 만하였으며, 전망이 넓게 트여서 해와 달을 옆에 끼고 비바람을 다스릴 만할 뿐 아니라, 의연히 세상의 일을 잊고 홍진에서 벗어난 뜻을 간직하고 있었다.

얼마 후, 짙은 안개가 몰려오더니 서쪽에서 동쪽으로 산등성이를 휘감았다. 나는 괴이하게 여겼지만, 이 곳까지 와서 한라산의 진면목을 보지 못하고 돌아간다면 공든 탑이 일시에 무너지는 꼴이 되고, 섬사람들의 웃음거리가 되지 않을까 하는 생각이 들어, 마음을 굳게 먹고 곧장 수백 보를 전진해 가서 북쪽 가의 우묵한 곳에 당도하여 상봉을 바라보았다. 여기에 이르러, 갑자기 가운데가 움푹 파인 구덩이를 이루었는데, 이것이 이른바 백록담이었다. 주위가 1리를 넘고 수면이 담담한데, 그 반은 물이고, 반은 얼음이었다. 홍수나 가뭄에도 물이 붇거나 줄지를 않는다 하는데, 얕은 곳은 무릎까지, 깊은 곳은 허리까지 찼으며, 맑고 깨끗하여 한 점의 티끌도 없으니, 은연히 신선이 사는 듯하였다. 사방을 둘러싼 산각들도 높고 낮음이 다 균등하였으니, 참으로 천부의 성곽이었다.

석벽에 매달려 백록담을 따라 남쪽으로 내려가다가, 털썩 주저앉아 잠시 동안 휴식을 취하였다. 모두 지쳐서 피곤했지만, 서쪽을 향해 있는 봉우리가 이 산의 정상이었으므르 조심스럽게 조금씩 올라갔다. 그러나 따라오는 사람은 겨우 셋뿐이었다. 이 봉우리는 평평하게 퍼지고 넓어서 그리 까마득하게 높게 보이지는 않았지만, 위로는 별자리를 바라보고 아래로는 세상을 굽어보며, 좌로는 해돋이를 바라보고 우로는 서양을 접했으며, 남으로는 소주(쑤저우), 항주(항저우)를 가리키고, 북으로는 내륙을 끌어당기고 있었다. 멀리 보이는 섬들이 옹기종기, 큰 것은 구름

장만하고 작은 것은 달걀만하게 보이는 등 풍경이 천태 만상이었다.

'맹자'에 "바다를 본 자는 바다 이외의 물은 물로 보이지 않으며, 태산에 오르면 천하가 작게 보인다." 했는데, 성현의 역량을 어찌 우리가 상상이나 할 수 있겠는가? 또, 소동파에게 이 산을 먼저 보게 하였다면, 그의 이른바

허공에 떠 바람을 다스리고
신선이 되어 하늘에 오른다.

하는 시구가 적벽에만 알맞지는 않았을 것이다. 주자가 읊은

낭랑하게 읊조리며 축융봉을 내려온다.

라는 시구를 외며 백록담 가로 되돌아오니, 짐꾼들이 이미 밥을 정성스럽게 지어 놓았다. 밥을 먹고 물을 마시는데, 물맛이 어찌나 달고 맛있던지, 나는 일행을 둘러보며 말하기를,

"이 맛은 금장옥액이 아니냐?"

하였다. 북쪽으로 1리쯤 떨어진 곳에 혈망봉과 옛 사람들의 이름을 새긴 것이 있다 하는데, 해가 기울어 가 보지 못하고, 산허리에서 옆으로 걸어 동쪽으로 석벽을 넘는데, 벼랑에 개미처럼 붙어서 5리쯤 내려갔다. 다시 산남으로부터 서지로 돌아들다가 안개 속에서 우러러보니, 백록담을 에워싸고 있는 석벽이 마치 대나무를 쪼개고 오이를 깎은 듯이 하늘에 치솟아 있는데, 기괴하고 형형색색인 것이 석가여래가 가사와 장삼을 입은 형용이었다.

20리쯤 내려오니 이미 황혼이 되었다. 내가

"듣건대, 여기서 인가까지는 매우 멀다 하며, 밤 공기도 그리 차지 않으니, 가다가 길거리에 피곤해서 쓰러지는 것보다 차라리 노숙하고서 내일 홀가분하게 가는 것이 어떤가?"

하니, 일행 모두가 좋다고 하였다. 바위에 의지해서 나무를 걸치고 모닥불을 피워 따뜻하게 한 뒤에, 앉은 채로 한잠 자고 깨어 보니, 벌써 날이 새어 있었다. 밥을 먹고 다시 출발했는데, 어젯밤 이슬이 마르지 않아 옷과 버선이 다 젖었다. 얼마 후, 길을 잃어 이리저리 방황하였는데, 그 고달픔은 이루 말할 수 없었으나, 그래도 아래로 내려가는 길이어서 어제에 비하면 평지를 가는 것이나 다름없었다.

다시 10리를 내려와서 영실에 이르니, 높은 봉우리와 깊은 골짜기에 우뚝우뚝한 괴석들이 웅위하게 늘어서 있는데, 모두가 부처의 형태였으며, 백이나 천 단위로는 헤아릴 수가 없었다. 여기가 바로 천불암 또는 오백 장군이라고도 불리는 곳으로, 산남에 비하면 이 곳이 더욱 기이하고 웅장하였다. 산 밑에 시내 하나가 바다로 흘러들어가고 있었는데, 다만 길가에 있기 때문에 얕게 드러나 있었다. 풀밭에 앉아서 얼마쯤 쉬다가 이내 출발하여 20리를 걸어 서동의 입구를 나오니, 영졸들이 말을 끌고 와 기다리고 있었다. 인가에 들어가서 밥을 지어 요기를 하고, 날이 저물어서 성으로 돌아왔다.

백두산이 남으로 4천 리를 달려 영암의 월출산이 되고, 다시 남으로 달려 해남의 달마산이 되었으며, 달마산은 또 바다로 5백 리를 건너뛰어 추자도가 되었고, 다시 5백 리를 건너서 이 한라산이 되었다고 한다. 이 산은 서쪽으로 대정현에서 일어나 동으로 정의현에서 그치고, 가운데가 솟아올라 정상이 되었는데, 동서의 길이가 2백 리이고, 남북의 거리가 1백 리를 넘는다.

어떤 이는 이 산이 지극히 높아 하늘의 은하수를 잡아당길 만해서 한라산이라 부른다고 하고, 어떤 이는 이 산의 성품이 욕심이 많아서, 그해 농사의 풍흉을 관장의 청탁으로 알아서, 외래 선박이 정박하면 번번이 비바람으로 패실하게 하므로 탐산이라 이른다고 하며, 또 어떤 이는 이 산의 형국이 동쪽은 말, 서쪽은 곡식, 남쪽은 부처, 북쪽은 사람의 형상이라고 하나, 다 근거 없는 말들이다. 그 중에서 오직 형국설만을 가지고 그 유사점을 찾아본다면, 산세가 구부러졌다가 펴지고 높았다가 낮아지는 것이 마치 달리는 듯한 것은 말과 유사하고, 위암과 층벽이 죽 늘어서서 두 손을 마주잡고 읍하는 듯한 것은 부처와 유사하며, 평평하고 광막한 곳에 산만하게 활짝 핀 듯한 것은 곡식과 유사하고, 북을 향해 껴안은 듯한 곱고 수려한 산세는 사람과 유사하다. 그래서 말은 동쪽에서 생산되고, 곡식은 서쪽이 잘 되며, 불당은 남쪽에 모였고, 인걸은 북쪽에 많다던가…….

이 섬은 협소한 외딴 섬이지만, 대해의 지주요, 삼천 리 우리 나라의 수구며 한문이므로, 외적들이 감히 엿보지를 못한다. 산해진미 중에 임금에게 진공하는 것이 여기에서 많이 나며, 위로는 공경대부로부터 아래로는 서민에 이르기까지 일상에 쓰는 물건이 나고, 경내 6,7만 호가 이 곳을 근거로 살아가니, 나라와 백성에게 미치는 이로움이 어찌 금강산이나 지리산처럼 사람들에게 관광이나 제공하는 산들과 비길 수 있겠는가?

이 산은 궁벽하게 바다 가운데에 있어서 청고하고 기온도 낮으므로, 지기가 견고하고 근골이 강한 자가 아니면 결코 올라갈 수가 없다. 그리하여 이 산을 오른 사람이 수백 년 동안에 관장 몇 사람에 불과했을 뿐이어서, 옛날 현인들의 거필로는 한 번도 그 진면목을 적어 놓은 것이 없다. 그런 까닭에, 세상의 호사가들이 신산이라는 허무하고 황당한 말로 어지럽힐 뿐이고, 다른 면은 조금도 소개되지 않았으니, 이것이 어찌 이 산이 지니고 있는 본연의 모습이겠는가? 우선 이 글을 써서, 가서 구경하고 싶은데도 못 가는 사람들에게 고하는 것이다.

1899~1931년. 호는 소파이며, 서울 출생이다. 최초의 아동문화운동 단체인 색동회, 청년 구락부, 소년 운동협의회 등을 조직하였으며, 한국 최초의 순수 아동잡지 《어린이》를 창간하였다.

어린이 찬미

어린이가 잠을 잔다. 내 무릎 앞에 편안히 누워서 낮잠을 자고 있다. 볕 좋은 첫 여름 조용한 오후이다.

고요하다는 고요한 것을 모두 모아서 그 중 고요한 것만을 골라 가진 것이 어린이의 자는 얼굴이다. 평화라는 평화 중에 그 중 훌륭한 평화만을 골라 가진 것이 어린이의 자는 얼굴이다. 아니 그래도 나는 이 고요한 자는 얼굴을 잘 말하지 못하였다. 이 세상의 고요하다는 고요한 것은 모두 이 얼굴에서 우러나는 듯싶게 어린이의 잠자는 얼굴은 고요하고 평화스럽다.

고운 나비의 날개, 비단 같은 꽃잎, 아니 아니, 이 세상에 곱고 보드랍다는 아무것으로도 형용할 수가 없이 보드랍고 고운, 이 자는 얼굴을 들여다보라. 그 서늘한 두 눈을 가볍게 감고, 이렇게 귀를 기울여야 들릴 만치 가늘게 코를 골면서 편안히 잠자는, 이 좋은 얼굴을 들여다보라. 우리가 종래에 생각해 오던 하느님의 얼굴을 여기서 발견하게 된다.

어느 구석에 먼지만큼이나 더러운 티가 있느냐? 어느 곳에 우리가 싫어할 한 가지 반 가지나 있느냐? 죄 많은 세상에 나서 죄를 모르고 부처보다도, 예수보다도 하늘 뜻 그대로의 산 하느님이 아니고 무엇이랴!

아무 죄도 갖지 않는다. 아무 획책도 모른다. 배고프면 먹을 것을 찾고, 먹어서 부르면 웃고 즐긴다. 싫으면 찡그리고, 아프면 울고, 거기에 무슨 꾸밈이 있느냐? 시퍼런 칼을 들고 핍박하여도 맞아서 아프기까지는 방글방글 웃으며 대하는 것이다. 이 넓은 세상에 오직 이이가 있을 뿐이다.

오오! 어린이는 지금 내 무릎 위에서 잠을 잔다. 더할 수 없는 참됨과 더할 수 없는 착함과 더할 수 없는 아름다움을 갖추고, 그 위에 또 위대한 창조의 힘까지 갖추어 가진, 어린 하느님이 편안하게도 고요한 잠을 잔다. 옆에서 보는 사람의 마음까지, 생각이 다른 번추한 것에 미칠 틈을 주지 않고 고결하게 순화시켜 준다. 사랑스럽고도 부드러운 위엄을 가지고 곱게 곱게 순화시켜 준다.

나는 지금 성당에 들어간 이상의 경건한 마음으로 모든 것을 잊어버리고 사랑스러운 하느님의 자는 얼굴에 예배하고 있다.

어린이는 복되다!

이 때까지 모든 사람들은 하느님이 우리에게 복을 준다고 믿어 왔다. 그 복을 많이 가져온 이가 어린이다. 그래, 그 한없이 많이 가지고 온 복을 우리에게도 나누어 준다. 어린이는 순 복덩어리다.

마른 잔디에 새 풀이 나고 나뭇가지에 새 움이 돋는다고 제일 먼저 기뻐 날뛰는 이도 어린이다. 봄이 왔다고 종달새와 함께 노래하는 이도 어린이고, 꽃이 피었다고 나비와 함께 춤을 추는 이도 어린이다. 별을 보고 좋아하고, 달을 보고 노래하는 것도 어린이요, 눈 온다고 기뻐 날뛰는 이도 어린이다.

산을 좋아하고 바다를 사랑하고, 큰 자연의 모든 것을 골고루 좋아하고 진정으로 친애하는 이가 어린이요, 태양과 함께 춤추며 사는 이가 어린이다.

그들에게는 모든 것이 기쁨이요, 모든 것이 사랑이요, 또 모든 것이 친한 동무다. 자비와 평등과 환희와 행복과 이 세상 모든 아름다운 것만 한없이 많이 가지고 사는 이가 어린이다. 어린이의 살림, 그것 그대로가 하늘의 뜻이다. 우리에게 주는 하늘의 계시다.

어린이가 살림에 친근할 수 있는 사람, 어린이 살림을 자주 들여다볼 수 있는 사람——배울 수 있는 사람——은 그만큼 행복을 얻을 것이다.

어린이와 얼굴을 마주 대하고는, 우리는 찡그리는 얼굴, 성낸 얼굴, 슬픈 얼굴을 못 짓게 된다. 아무리 성질이 곱지 못한 사람일지라도 어린이와 얼굴을 마주하고는 험상한 얼굴을 못 가질 것이다. 어린이와 마주 앉을 때——적어도 그 잠깐 동안은, 모르는 중에 마음의 세례를 받고 평상시에 가져 보지 못하는 미소를 띤 부드러운 좋은 얼굴을 갖게 된다. 잠깐 동안일망정 그 동안 순화되고 깨끗해진다. 어떻게든지 우리는 그 동안 순화되는 동안을 자주 가지고 싶다.

하루라도 삼천 가지 마음 지저분한 세상에서, 우리의 맑고도 착하던 마음을 얼마나 쉽게 굽어 가려고 하느냐? 그러나 때로는 방울을 흔들면서 참됨이 있으라고 일깨워 주고 지시해 주는 어린이의 소리와 행동은 우리에게 큰 구제의 길이 되는 것이다.

우리가 피곤한 몸으로 일에 절망하고 늘어질 때에, 어둠에 빛나는 광명의 빛같이 우리 가슴에 한 줄기 빛을 던지고 새로운 원기와 위안을 주는 것도 어린이만이 가진 존귀한 힘이다. 어린이는 슬픔을 모른다. 근심을 모른다. 그리고 음울한 것을 싫어한다. 어느 때 보아도 유쾌하고 마음 편하게 논다. 아무 델 건드려도 한없이 가진 기쁨과 행복이 쏟아져 나온다. 기쁨으로 살고 기쁨으로 커 간다. 뻗어 나가는 힘! 뛰노는 생명의 힘! 그것이 어린이다. 온 인류의 진화와 향상도 여기에 있는 것이다.

어린이에게서 기쁨을 빼앗고 어린이 얼굴에다 슬픈 빛을 지어 주는 사람이 있다 하면, 그보다 더 불행한 사람은 없을 것이요, 그보다 더 큰 죄인은 없을 것이다. 어린이의 기쁨을 상해 주어서는 못쓴다. 그리할 권리도 없고 그리할 자격도 없건마는…… 무지한 사람들이 어떻게나 많이 어린이의 얼굴에 슬픈 빛을 지어 주었느냐?

어린이들의 기쁨을 찾아 주어야 한다. 어린이들의 기쁨을 찾아 주어야 한다.

어린이는 아래의 세 가지 세상에서 온갖 것을 미화시킨다.

이야기 세상——노래의 세상——그림의 세상.

어린이 나라에는 세 가지 예술이 있다. 어린이들은 아무리 엄격한 현실이라도 그것을 이야기로 본다. 그래서 평범한 일도 어린이의 세상에서는 그것이 예술화하여 찬란한 미와 흥미를 더하여 가지고 어린이 머릿속에 전개된다. 그래, 항상 이 세상 모든 것을 아름답게 본다.

어린이들은 또 실제에 경험하지 못한 일을 아름답게 본다.

어린이들은 또 실제에서 경험하지 못한 일을 이야기 세상에서 훌륭히 경험한다. 어머니와 할머니 무릎에 앉아서 재미있는 이야기를 들을 때, 그는 아주 이야기에 동화해 버려서, 이야기 세상 속에 들어가서 이야기에 따라 왕자도 되고, 고아도 되고, 또 나비도 되고, 새도 된다. 그렇게 해서 어린이들은 자기의 가진 행복을 더 늘려 가고 기쁨을 더 늘려 가는 것이다.

어린이는 모두 시인이다. 본 것, 느낀 것을 그대로 노래하는 시인이다. 고운 마음을 가지고 어여쁜 눈을 가지고 아름답게 보고 느낀 그것이 아름다운 말로 굴러 나올 때, 나오는 모두가 시가 되고 노래가 된다. 여름날 성한 나무숲이 바람에 흔들리는 것을 보고 바람의 어머니가 아들을 보내어 나무를 흔든다고 보는 것도 그대로 시요, 오색의 찬란한 무지개를 보고 하느님 따님이 오르내리는 다리라고 하는 것도 그대로 시다.

개인 밤 밝은 달의 검은 점을 보고는,

저기저기 저 달 속에
계수나무 박혔으니
금도끼로 찍어내고
옥도끼로 다듬어서
초가삼간 집을 짓고
천년만년 살고 지고.

고운 노래를 높이어 이렇게 노래를 부른다. 밝디밝은 달님 속에 계수나무를 금도끼 옥도끼로 찍어내고 다듬어서 초가삼간 집을 짓자는 생각이 얼마나 곱고 어여쁜 생활의 소지자냐?

새야 새야 파랑새야
녹두밭에 앉지 마라
녹두꽃이 떨어지면
청포장수 울고 간다.

이러한 고운 노래를 기꺼운 마음으로 소리 높여 부를 때, 그들의 고운 넋이 얼마나 아름답게 우쭐우쭐 자라갈 것이랴? 위의 두 가지 노래는 어린이 자신의 속에서 우러나오는 것이 아니고 큰 사람이 지은 것일지도 모른다. 그러하나 몇 해 몇십 년 동안 어린이들의 나라에서 불러 내려서 어린이의 것이 되어 내려온 거기에, 그 노래에 스며진 어린이의 생각, 어린이의 살림, 어린이의 넋을 볼 수 있는 것이다.

　어린이는 그림을 좋아한다. 그리고 또 그리기를 좋아한다. 조금도 기교가 없는 순진한 예술을 낳는다. 어른의 상투를 재미있게 보았을 때, 어린이는 몸뚱이보다 큰 상투를 그려 놓는다. 순사의 칼을 이상하게 보았을 때, 어린이는 순사보다 더 큰 칼을 그려 놓는다. 얼마나 솔직한 표현이냐? 얼마나 순진한 예술이냐?

　지나간 해 여름이다. 서울 천도교당에서 여섯 살 된 어린이에게 이 집 교당(내부 전체를 가리키면서)을 그려 보라 한 일이 있었다. 어린이는 서슴지 않고 종이와 붓을 받아들더니, 거침없이 네모번듯한 사각 하나를 큼직하게 그려서 나에게 내밀었다. 얼마나 놀라운 일이냐? 그 어린 동무가 그 큰 집에 들어앉아서 그 집을 보기는, 크고 네모번듯한 넓은 집이라고밖에 더 달리 복잡하게 보지 아니한 것이었다. 얼마나 순진스럽고 솔직한 표현이냐? 거기에 아직 더럽혀지지 아니한, 이윽고는 큰 예술을 낳아 놓을 무서운 참된 힘이 숨어 있다고 나는 믿는다. 한 포기 풀을 그릴 때, 어린 예술가는 연필을 쥐고 거리낌없이 쭉쭉 풀줄기를 그린다. 그러나 그 한 번에 쭉 내어 그은 그 선이 얼마나 복잡하고 묘하게 자상한 설명을 주는지 모른다.

　위대한 예술을 품고 있는 어린이여! 어떻게도 이렇게 자유로운 행복뿐만을 갖추어 가졌느냐?

　어린이는 복되다. 어린이는 복되다. 한이 없는 복을 가진 어린이를 찬미하는 동시에 나는 어린이 나라에 가깝게 있을 수 있는 것을 얼마든지 감사한다.

김구

1876~1949년. 호는 백범. 3·1운동 후 상하이로 망명, 대한민국임시정부 조직에 참여하고, 1928년 한국독립당을 조직, 총재가 되었으며, 1944년 대한민국임시정부 주석에 선임되었다. 1949년 6월 26일 경교장에서 육군 포병 소위 안두희에게 암살당하였다. 저서로는 《백범일지》가 있다.

나의 소원

민족국가

네 소원이 무엇이냐 하고 하나님이 물으시면 나는 서슴지 않고,
　"내 소원은 대한 독립이요."
하고 대답할 것이다. 그 다음 소원은 무엇이냐 하면 나는 또,
　"우리 나라의 독립이요."
할 것이요, 또 그 다음 소원이 무엇이냐 하는 셋째 번 물음에도 나는 더욱 소리 높여서,
　"나의 소원은 우리 나라 대한의 완전한 자주독립이요."
하고 대답할 것이다.

동포 여러분! 나 김구의 소원은 이것 하나밖에는 없다. 내 과거의 70평생을 이 소원을 위하여 살아왔고, 현재에도 이 소원 때문에 살고 있고, 미래에도 나는 이 소원을 달하려고 살 것이다.

독립이 없는 백성으로 70평생에 설움과 부끄러움과 애탐을 받은 나에게는 세상에 가장 좋은 것이 완전하게 자주독립한 나라의 백성으로

살아 보다가 죽는 일이다. 나는 일찍 우리 독립정부의 문지기가 되기를 원하였거니와, 그것은 우리 나라가 독립국만 되면, 나는 그 나라에 가장 미천한 자가 되어도 좋다는 뜻이다. 왜 그런고 하면, 독립한 제 나라의 빈천이 남의 밑에 사는 부귀보다 기쁘고 영광스럽고 희망이 많기 때문이다. 옛날 일본에 갔던 박제상이,

"내 차라리 계림의 개·돼지가 될지언정 왜왕의 신하로 부귀를 누리지 않겠다."

한 것이 그의 진정이었던 것을 나는 안다. 제상은 왜왕이 높은 벼슬과 많은 재물을 준다는 것을 물리치고 달게 죽음을 받았으니 그것은,

"차라리 내 나라의 귀신이 되리라."

함에서였다.

근래에 우리 동포 중에는 우리 나라를 어느 큰 이웃 나라의 연방에 편입하기를 소원하는 자가 있다 하니, 나는 그 말을 차마 믿으려 아니하거니와, 만일 진실로 그러한 자가 있다 하면 그는 제정신을 잃은 미친놈이라고밖에 볼 길이 없다.

나는 공자·석가·예수의 도를 배웠고 그들을 성인으로 숭배하거니와 그들이 합하여서 세운 천당·극락이 있다 하더라도 그것이 우리 민족이 세운 나라가 아닐진대, 우리 민족을 그 나라로 끌고 들어가지 아니할 것이다. 왜 그런고 하면, 피와 역사를 같이하는 민족이란 완연히 있는 것이어서 내 몸이 남의 몸이 못 됨과 같이 이 민족이 저 민족이 될 수 없는 것이 마치 형제도 한 집에서 살기 어려움과 같은 것이다. 둘 이상이 합하여서 하나가 되자면 하나는 높고 하나는 낮아서, 하나는 위에 있어서 명령하고 하나는 밑에 있어서 복종하는 것이 근본 문제가 되는 것이다.

이에 대하여 일부 소위 좌익의 무리는 혈통의 조국을 부인하고, 소위

사상의 조국을 운운하며, 혈족의 동포를 무시하고, 소위 사상의 동무와 프롤레타리아트의 국제적 계급을 주장하여, 민족주의라면 마치 이미 진리권 외에 떨어진 생각인 것같이 말하고 있다. 심히 어리석은 생각이다. 철학도 변하고 정치·경제의 학설도 일시적이어니와, 민족의 혈통은 영구적이다.

일찍 어느 민족 내에서나 혹은 종교로, 혹은 경제적·정치적 이해의 충돌로 하여 두 파 세 파로 갈려서 피로써 싸운 일이 없는 민족이 없거니와, 지내어 놓고 보면 그것은 바람과 같이 지나가는 일시적인 것이요, 민족은 필경 바람 잔 뒤의 초목 모양으로 뿌리와 가지를 서로 걸고 한 수풀을 이루어 살고 있다. 오늘날 소위 좌우익이란 것도 결국 영원한 혈통의 바다에 일어나는 일시적인 풍파에 불과하다는 것을 잊어서는 아니 된다.

이 모양으로 모든 사상도 가고 신앙도 변한다. 그러나 혈통적인 민족만은 영원히 성쇠흥망의 공동 운명의 인연에 얽힌 한 몸으로 이 땅 위에 남는 것이다.

세계 인류가 네요 내요 없이 한 집이 되어 사는 것은 좋은 일이요, 인류의 최고요, 최후인 희망이요, 이상이다. 그러나 이것은 멀고 먼 장래에 바랄 것이요, 현실의 일은 아니다. 사해동포의 크고 아름다운 목표를 향하여 인류가 향상하고 전진하는 노력을 하는 것은 좋은 일이요 마땅히 할 일이나, 이것도 현실을 떠나서는 안 되는 일이니, 현실의 진리는 민족마다 최선의 국가를 이루어 최선의 문화를 낳아 길러 다른 민족과 서로 바꾸고 서로 돕는 일이다. 이것이 내가 믿고 있는 민주주의요, 이것이 인류의 현 단계에서는 가장 확실한 진리다.

그러므로 우리 민족으로서 하여야 할 최고의 임무는 첫째로 남의 절제도 아니 받고 남에게 의뢰도 아니하는 완전한 자주독립의 나라를 세우는 일이다. 이것이 없이는 우리 민족의 생활을 보장할 수 없을뿐더러 우리 민족의 정신력을 자유로 발휘하여 빛나는 문화를 세울 수 없기 때문이다. 이렇게 완전 자주독립의 나라를 세운 뒤에는, 둘째로 이 지구상의 인류가 진정한 평화와 복락을 누릴 수 있는 사상을 낳아 그것을 먼저 우리 나라에 실현하는 것이다.

나는 오늘날의 인류의 문화가 불완전함을 안다. 나라마다 안으로는 정치상 · 경제상 · 사회상으로 불평등 · 불합리가 있고, 밖으로 국제적으로는 나라와 나라 간의, 민족과 민족 간의 시기 · 알력 · 침략, 그리고 그 침략에 대한 보복으로 작고 큰 전쟁이 그칠 사이가 없어서 많은 생명과 재물을 희생하고도 좋은 일이 오는 것이 아니라 인심의 불안과 도덕의 타락은 갈수록 더하니 이래 가지고는 전쟁이 그칠 날이 없어 인류는 마침내 멸망하고 말 것이다. 그러므로 인류 세계에는 새로운 생활 원리의 발견과 실천이 필요하게 되었다. 이야말로 우리 민족이 담당한 천직이라고 믿는다.

이러하므로 우리 민족의 독립이란 결코 삼천리 삼천만의 일이 아니라 진실로 세계 전체의 운명에 관한 일이요, 그러므로 우리 나라의 독립을 위하여 일하는 것이 곧 인류를 위하여 일하는 것이다.

만일 우리의 오늘날 형편이 초라한 것을 보고 자굴지심을 발하여 우리가 세우는 나라가 그처럼 위대한 일을 할 것을 의심한다면 그것은 스스로 모욕하는 일이다. 우리 민족의 지나간 역사가 빛나지 아니함이 아니나 그것은 아직 서곡이었다. 우리가 주연 배우로 세계 역사의 무대에 나서는 것은 오늘 이후다. 삼천만의 우리 민족이 옛날 그리스 민족이나 로마 민족이 한 일을 못한다고 생각할 수 있겠는가.

내가 원하는 우리 민족의 사업은 결코 세계를 무력으로 정복하거나 경제력으로 지배하려는 것이 아니다. 오직 사랑의 문화, 평화의 문화로 우리 스스로 잘 살고 인류 전체가 의좋게 즐겁게 살도록 하는 일을 하자는 것이다. 어느 민족도 일찍 그러한 일을 한 이가 없었으니 그것은 공상이라고 하지 말라. 일찍 아무도 한 자가 없길래 우리가 하자는 것이다. 이 큰 일은 하늘이 우리를 위하여 남겨 놓으신 것임을 깨달을 때에 우리 민족은 비로소 제 길을 찾고 제 일을 알아본 것이다. 나는 우리나라의 청년 남녀가 모두 과거의 조그맣고 좁다란 생각을 버리고 우리민족의 큰 사명에 눈을 떠서 제 마음을 닦고 제 힘을 기르기로 낙을 삼기를 바란다. 젊은 사람들이 모두 이 정신을 가지고 이 방향으로 힘을 쓸진대 30년이 못하여 우리 민족은 괄목상대하게 될 것을 나는 확신하는 바이다.

정치 이념

나의 정치 이념은 한 마디로 표시하면 자유다. 우리가 세우는 나라는 자유의 나라야 한다.

자유란 무엇인가. 각 개인이 제멋대로 사는 것을 자유라 하면 이것은 나라가 생기기 전이나, 저 레닌의 말 모양으로 나라가 소멸된 뒤에나 있을 일이다. 국가 생활을 하는 인류에게는 이러한 무조건의 자유는 없다. 왜 그런고 하면, 국가란 일종의 규범의 속박이기 때문이다. 국가 생활을 하는 우리를 속박하는 것은 법이다. 개인의 생활이 국법에 속박되는 것은 자유 있는 나라나 자유 없는 나라나 마찬가지다.

자유와 자유 아님이 갈리는 것은 개인의 자유를 속박하는 법이 어디서 오느냐 하는 데 달렸다. 자유 있는 나라의 법은 국민의 자유로운 의사에서 오고, 자유 없는 나라의 법은 국민 중의 어떤 일개인 또는 일계급에서 온다. 일개인에서 오는 것을 전체 또는 독재라 하고 일계급에서 오는 것을 계급독재라 하고 통칭 파쇼라고 한다.

나는 우리 나라가 독재의 나라가 되기를 원치 아니한다. 독재의 나라에서는 정권에 참여하는 계급 하나를 제외하고는 다른 국민은 노예가 되고 마는 것이다.

독재 중에서 가장 무서운 독재는 어떤 주의, 즉 철학을 기초로 하는 계급독재다. 군주나 기타 개인 독재는 그 개인만 제거되면 그만이지만, 다수의 개인으로 조직된 한 계급이 독재의 주체일 때에는 이것을 제거하기는 심히 어려울 것이니, 이러한 독재는 그보다도 큰 조직의 힘이거나 국제적 압력이 아니고는 깨뜨리기 어려운 것이다. 우리 나라의 양반 정치도 일종의 계급 독재이어니와 이것은 수백년 계속하였다. 이탈리아의 파시스트, 독일의 나치스의 일은 누구나 다 아는 일이다.

그러나 모든 계급독재 중에도 가장 무서운 것은 철학을 기초로 한 계급독재이다. 수백 년 동안 이조 조선에서 행하여 온 계급독재는 유교, 그 중에서도 주자학파의 철학을 기초로 한 것이어서 다만 정치에 있어서만 독재가 아니라 사상·학문·사회생활·가정생활·개인생활까지도 규정하는 독재였다. 이 독재정치 밑에서 우리 민족의 문화는 소멸되고 원기는 마멸된 것이다. 주자학 이외의 학문은 발달하지 못하니 이 영향은 예술·경제·산업에까지 미쳤다.

우리 나라가 망하고 민력이 쇠잔하게 된 가장 큰 원인이 실로 여기 있었다. 왜 그런고 하면, 국민의 머릿속에 아무리 좋은 사상과 경륜이 생기더라도 그가 집권계급의 사람이 아닌 이상, 또 그것이 사문난적이라는 범주 밖에 있지 않는 이상 세상에 발표되지 못하기 때문이었다. 이 때문에 싹이 트려다가 눌러 죽은 새 사상, 싹도 트지 못하고 밟혀 버린 경륜이 얼마나 많았을까. 언론의 자유가 어떻게나 중요한 것임을 통감하지 아니할 수 없다. 오직 언론의 자유가 있는 나라에만 진보가 있는 것이다.

시방 공산당이 주장하는 소련식 민주주의란 것은 이러한 독재정치 중에서도 가장 철저한 것이어서 독재정치의 모든 특징을 극단으로 발휘하고 있다. 즉, 헤겔에서 받은 변증법, 포이어바흐의 유물론 이 두 가지와 애덤 스미스의 노동가치론을 가미한 마르크스의 학설을 최후의 것으로 믿어, 공산당과 소련의 법률과 군대와 경찰의 힘을 한데 모아서 마르크스의 학설에 일점 일획이라도 반대는 고사하고 비판만 하는 것도 엄금하여 이에 위반하는 자는 죽음의 숙청으로써 대하니, 이는 옛날의 조선의 사문난적에 대한 것 이상이다.

만일 이러한 정치가 세계에 퍼진다면 전 인류의 사상은 마르크스주의 하나로 통일될 법도 하거니와, 설사 그렇게 통일이 된다 하더라도 그것이 불행히 잘못된 이론일진대 그런 큰 이유의 불행은 없을 것이다. 그런데 마르크스의 학설의 기초인 헤겔의 변증법의 이론이란 것이 이미 여러 학자의 비판으로 말미암아 전면적 진리가 아닌 것이 알려지지 아니하였는가. 자연계의 변천이 변증법에 의하지 아니함은 뉴턴, 아인슈타인 등 모든 과학자들의 학설을 보아서 분명하다.

그러므로 어느 한 학설을 표준으로 하여서 국민의 사상을 속박하는 것은 어느 한 종교를 국교로 정하여서 국민의 신앙을 강제하는 것과 마찬가지로 옳지 아니한 일이다. 산에 한 가지 나무만 나지 아니하고 들에 한 가지 꽃만 피지 아니한다. 여러 가지 나무가 어울려서 위대한 삼림의 아름다움을 이루고, 백 가지 꽃이 섞여 피어서 봄 들의 풍성한 경치를 이루는 것이다. 우리가 세우는 나라에는 유교도 성하고 불교도 예수교도 자유로 발달하고, 또 철학으로 보더라도 인류의 위대한 사상이 다 들어와서 꽃이 피고 열매를 맺게 할 것이니 이러하고야만 비로소 자유의 나라라 할 것이요, 이러한 자유의 나라에서만 인류의 가장 크고 가장 높은 문화가 발생할 것이다.

나는 노자의 무위를 그대로 믿는 자가 아니거니와 정치에 있어서 너무 인공을 가하는 것을 옳지 않게 생각하는 자이다. 대개 사람이란 전지전능할 수가 없고 학설이란 완전무결할 수 없는 것이므로, 한 사람의 생각, 한 학설의 원리로 국민을 통제하는 것은 일시 속한 진보를 보이는 듯하더라도 필경은 병통이 생겨서 그야말로 변증법적인 폭력의 혁명을 부르게 되는 것이다.

모든 생물에는 다 환경에 순응하여 저를 보존하는 본능이 있으므로 가장 좋은 길은 가만히 두는 길이다. 작은 꾀로 자주 건드리면 이익보다도 해가 많다. 개인생활에 너무 잘게 간섭하는 것은 결코 좋은 정치가 아니다. 국민은 군대의 병정도 아니요 감옥의 죄수도 아니다. 한 사람 또는 몇 사람의 호령으로 끌고 가는 것이 극히 부자연하고 또 위태한 일인 것은 파시스트 이탈리아와 나치스 독일이 불행하게도 가장 잘 증명하고 있지 아니한가.

미국은 이러한 독재국에 비겨서는 심히 통일이 무력한 것 같고 일의 진행이 느린 듯하여도, 그 결과로 보건대 가장 큰 힘을 발하고 있으니 이것은 그 나라의 민주주의 정치의 효과이다. 무슨 일을 의논할 때에 처음에는 백성들이 저마다 제 의견을 발표하여서 헌헌효효하여 귀일할 바를 모르는 것 같지마는, 갑론을박으로 서로 토론하는 동안에 의견이 차차 정리되어서 마침내 두어 큰 진영으로 포섭되었다가 다시 다수결의 방법으로 한 결론에 달하여 국회의 결의가 되고 원수의 결재를 얻어 법률이 이루어지면 이에 국민의 의사가 결정되어 요지부동하게 되는 것이다.

이 모양으로 민주주의란 국민의 의사를 알아보는 한 절차, 또는 방식이요, 그 내용은 아니다. 즉, 언론의 자유, 투표의 자유, 다수결에의 복종 이 세 가지가 곧 민주주의다. 즉, 국민의 의사의 내용은 그때 그때의 국민의 언론전으로 결정되는 것이어서 어느 개인이나 당파의 특정한 철학적 이론에 좌우되는 것이 아님이 미국식 민주주의의 특색이다. 다시 말하면, 언론·투표·다수결 복종이라는 절차만 밟으면 어떠한 철학에 기초한 법률도 정책도 만들 수 있으니, 이것을 제한하는 것은 오직 그 헌법의 조문뿐이다.

그런데 헌법도 결코 독재국의 그것과 같이 신성불가침의 것이 아니라 민주주의의 절차로 개정할 수가 있는 것이니, 이러므로 민주, 즉 백성이 나라의 주권자라 하는 것이다. 이러한 나라에서 국론을 움직이려면 그 중에서 어떤 개인이나 당파를 움직여서 되지 아니하고 그 나라 국민의 의견을 움직여서 된다. 백성들의 작은 의견은 이해관계로 결정되거니와 큰 의견은 그 국민성과 신앙과 철학으로 결정된다. 여기서 문화와 교육의 중요성이 생긴다.

국민성을 보존하는 것이나 수정하고 향상하는 것이 문화와 교육의 힘이요, 산업의 방향도 문화와 교육으로 결정됨이 큰 까닭이다. 교육이란 결코 생활의 기술을 가르치는 것만을 의미하는 것이 아니다. 교육의 기초가 되는 것은 우주와 인생과 정치에 대한 철학이다. 어떠한 철학의 기초 위에 어떠한 생활의 기술을 가르치는 것이 곧 국민 교육이다. 그러므로 좋은 민주주의의 정치는 좋은 교육에서 시작될 것이다. 건전한 철학의 기초 위에 서지 아니한 지식과 기술의 교육은 그 개인과 그를 포함한 국가에 해가 된다. 인류 전체로 보아도 그러하다.

이상에 말한 것으로 내 정치 이념이 대강 짐작될 것이다. 나는 어떠한 의미로든지 독재정치를 배격한다. 나는 우리 동포를 향하여서 부르짖는다. 결코, 결코 독재정치가 아니 되도록 조심하라고. 우리 동포 각 개인이 십분의 언론 자유를 누려서 국민 전체의 의견대로 되는 정치를 하는 나라를 건설하자고. 일부 당파나 어떤 한 계급의 철학으로 다른 다수를 강제함이 없고, 또 현재의 우리들의 이론으로 우리 자손의 사상과 신앙의 자유를 속박함이 없는 나라, 천지와 같이 넓고 자유로운 나라, 그러면서도 사랑의 덕과 법의 질서가 우주 자연의 법칙과 같이 준수되는 나라가 되도록 우리 나라를 건설하자고.

그렇다고 나는 미국의 민주주의 제도를 그대로 직역하자는 것은 아니다. 다만, 소련의 독재적인 '민주주의'에 대하여 미국의 언론자유적인 민주주의를 비교하여서 그 가치를 판단하였을 뿐이다. 둘 중에서 하나를 택한다면 사상과 언론의 자유를 기초로 한 자를 취한다는 말이다.

나는 미국의 민주주의 정치 제도가 반드시 최후적인 완성된 것이라고는 생각지 아니한다. 인생의 어느 부분이나 다 그러함과 같이 정치 형태에 있어서도 무한한 창조적 진화가 있을 것이다. 더구나 우리 나라와 같이 반만년 이래로 여러 가지 국가 형태를 경험한 나라에도 결점도 많으려니와 교묘하게 발달된 정치 제도도 없지 아니할 것이다.

가까이 이조 시대를 보더라고 홍문관·사간원·사헌부 같은 것은 국민 중에 현인의 의사를 국정에 반영하는 제도로 멋있는 제도요, 과거 제도와 암행어사 같은 것도 연구할 만한 제도다. 역대의 정치 제도를 상고하면 반드시 쓸 만한 것도 많으리라고 믿는다. 이렇게 남의 나라의 좋은 것을 취하고 내 나라의 좋은 것을 골라서 우리 나라에 독특한 좋은 제도를 만드는 것도 세계의 문운에 보태는 일이다.

내가 원하는 우리 나라

나는 우리 나라가 세계에서 가장 아름다운 나라가 되기를 원한다. 가장 부강한 나라가 되기를 원하는 것은 아니다. 내가 남의 침략에 가슴이 아팠으니 내 나라가 남을 침략하는 것은 원치 아니한다. 우리의 부력은 우리의 생활을 풍족히 할 만하고 우리의 강력은 남의 침략을 막을 만하면 족하다. 오직 한없이 가지고 싶은 것은 높은 문화의 힘이다. 문화의 힘은 우리 자신을 행복되게 하고 나아가서 남에게 행복을 주겠기 때문이다.

지금 인류에게 부족한 것은 무력도 아니요 경제력도 아니다. 자연과학의 힘은 아무리 많아도 좋으나 인류 전체로 보면 현재의 자연과학만 가지고도 편안히 살아가기에 넉넉하다. 인류가 현재에 불행한 근본 이유는 인의가 부족하고 자비가 부족하고 사랑이 부족한 때문이다. 이 마음만 발달이 되면 현재의 물질력으로 20억이 다 편안히 살아갈 수 있을 것이다. 인류의 이 정신을 배양하는 것은 오직 문화뿐이다.

나는 우리 나라가 남의 것을 모방하는 나라가 되지 말고 이러한 높고 새로운 문화의 근원이 되고 목표가 되고 모범이 되기를 원한다. 그래서 진정한 세계의 평화가 우리 나라에서, 우리 나라로 말미암아 세계에 실현되기를 원한다. 홍익인간이라는 우리 국조 단군의 이상이 이것이라고 믿는다.

또 우리 민족의 재주와 정신과 과거의 단련이 이 사명을 달하기에 넉넉하고 우리 국토의 위치와 기타의 지리적 조건이 그러하며, 또 1차 · 2차의 세계 대전을 치른 인류의 요구가 그러하며, 이러한 시대에 새로 나라를 고쳐 세우는 우리의 탄 시기가 그러하다고 믿는다. 우리 민족이 주연 배우로 세계의 무대에 등장할 날이 눈앞에 보이지 아니하는가.

이 일을 하기 위하여 우리가 할 일은 사상의 자유를 확보하는 정치 양식의 건립과 국민 교육의 완비다. 내가 위에서 자유의 나라를 강조하고 교육의 중요성을 말한 것이기 때문이다.

최고 문화 건설의 사명을 달할 민족은 일언이폐지하면 모두 성인을 만드는 데 있다. 대한 사람이면 간 데마다 신용을 받고 대접을 받아야 한다. 우리의 적이 우리를 누르고 있을 때에는 미워하고 분해하는 살벌·투쟁을 버리고 화합의 건설을 일삼을 때다. 집안이 불화하면 망하고 나라 안이 갈려서 싸우면 망한다. 동포 간의 증오와 투쟁은 망조다. 우리의 용모에서는 화기가 빛나야 한다. 우리 국토 안에는 언제나 춘풍이 태탕하여야 한다. 이것은 우리 국민 각자가 한번 마음을 고쳐 먹음으로써 되고 그러한 정신의 교육으로 영속될 것이다.

최고 문화로 인류의 모범이 되기로 사명을 삼는 우리 민족의 각원은 이기적 개인주의자여서는 안 된다. 개인의 자유를 극도로 주장하되, 그것은 저 짐승들과 같이 저마다 제 배를 채우기에 쓰는 자유가 아니요, 제 가족을, 제 이웃을, 제 국민을 잘 살게 하기에 쓰이는 자유다. 공원의 꽃을 꺾는 자유가 아니라 공원에 꽃을 심는 자유다.

우리는 남의 것을 빼앗거나 남의 덕을 입으려는 사람이 아니라 가족에게, 이웃에게, 동포에게 주는 것으로 낙을 삼는 사람이다. 우리말에 이른바 선비요 점잖은 사람이다. 그러므로 우리는 게으르지 아니하고 부지런하다. 사랑하는 처자를 가진 가장은 부지런할 수밖에 없다. 한없이 주기 위함이다. 힘드는 일은 내가 앞서 하니 사랑하는 동포를 아낌이요, 즐거운 것은 남에게 권하니 사랑하는 자를 위하기 때문이다. 우리 조상네가 좋아하던 인후지덕이란 것이다.

이러함으로써 우리 나라의 산에는 삼림이 무성하고 들에는 오곡백과가 풍성하여 촌락과 도시는 깨끗하고 풍성하고 화평할 것이다. 그리하여 우리 동포, 즉 대한 사람은 남자나 여자나 얼굴에는 항상 화기가 있고 몸에서는 덕의 향기를 발할 것이다. 이러한 나라는 불행하려 하여도 불행할 수 없고 망하려 하여도 망할 수는 없는 것이다.

민족의 행복은 결코 계급투쟁에서 오는 것도 아니요, 개인의 행복이 이기심에서 오는 것도 아니다. 계급투쟁은 끝없는 계급투쟁을 낳아서 국토에 피가 마를 날이 없고, 내가 이기심으로 남을 해하면 천하가 이기심으로 나를 해할 것이니, 이것은 조금 얻고 많이 빼앗기는 법이다. 일본의 이번 당한 보복은 국제적·민족적으로도 그러함을 증명하는 가장 좋은 실례다.

이상에 말한 것은 내가 바라는 새 나라의 용모의 일단을 그린 것이거니와, 동포 여러분! 이러한 나라가 될진대 얼마나 좋겠는가. 우리네 자손을 이러한 나라에 남기고 가면 얼마나 만족하겠는가. 옛날 한토의 기자가 우리 나라를 사모하여 왔고, 공자께서도 우리 민족이 사는 데 오고 싶다고 하셨으며, 우리 민족을 일을 좋아하는 민족이라 하였으니, 옛날에도 그러하였거니와 앞으로는 세계 인류가 모두 우리 민족의 문화를 이렇게 사모하도록 하지 아니하려는가. 나는 우리의 힘으로, 특히 교육의 힘으로 반드시 이 일이 이루어질 것을 믿는다. 우리 나라의 젊은 남녀가 다 이 마음을 가질진대 아니 이루어지고 어찌하랴. 나도 일찍 황해도에서 교육에 종사하였거니와 내가 교육에서 바라던 것이 이것이었다. 내 나이 이제 70이 되었으니 몸소 국민 교육에 종사할 시일이 넉넉지 못하거니와, 나는 천하의 교육자와 남녀 학도들이 한번 크게 마음을 고쳐먹기를 빌지 아니할 수 없다.

나도향

1902~1926년. 본명 경손, 호 도향, 필명 빈. 서울 출생. 배재고보를 졸업하고 경성의전에 다니다가 일본으로 건너갔으나 학비를 마련할 길이 없어 귀국하였다. 〈뽕〉, 〈벙어리 삼룡이〉, 〈물레방아〉 등의 단편소설을 썼다.

그 믐 달

나는 그믐달을 몹시 사랑한다.

그믐달은 너무 요염하여 감히 손을 댈 수도 없고 말을 붙일 수도 없이 깜찍하게 예쁜 계집 같은 달인 동시에 가슴이 저리고 쓰리도록 가련한 달이다.

서산 위에 잠깐 나타났다 숨어 버리는 초승달은 세상을 후려 삼키려는 독부가 아니면, 철 모르는 처녀 같은 달이지마는, 그믐달은 세상의 갖은 풍상을 다 겪고 나중에는 그 무슨 원한을 품고서 애처롭게 쓰러지는 원부와 같이 애절하고 애절한 맛이 있다.

보름의 둥근 달은 모든 영화와 끝없는 숭배를 받는 여왕 같은 달이지마는, 그믐달은 애인을 잃고 쫓겨남을 당한 공주와 같은 달이다.

초승달이나 보름달은 보는 이가 많지마는, 그믐달은 보는 이가 적어 그만큼 외로운 달이다. 객창 한등에 정든 임 그리워 잠못들어하는 분이나, 못 견디게 쓰린 가슴을 움켜잡은 무슨 한 있는 사람 아니면, 그 달을 보아 주는 이가 별로 없는 것이다. 그는 고요한 꿈나라에서 평화롭게 잠든 세상을 저주하며 홀로 머리를 풀어뜨리고 우는 청상과 같은 달이다.

내 눈에는 초승달 빛은 따뜻한 황금빛에 날카로운 쇳소리가 나는 듯하고, 그믐달은 공중에서 번뜻하는 날카로운 비수와 같이 푸른 빛이 있어 보인다.

내가 한있는 사람이 되어서 그러한지는 모르되, 내가 그 달을 많이 보고 또 보기를 원하지만, 그 달은 한있는 사람만 보아 주는 것이 아니라, 늦게 돌아가는 술주정꾼과 노름하다 오줌 누러 나온 사람도 보고, 어떤 때는 도둑놈도 보는 것이다.

어떻든지, 그믐달은 가장 정있는 사람이 보는 중에, 또는 가장 한있는 사람이 보아 주고, 또 가장 무정한 사람이 보는 동시에 가장 무서운 사람들이 많이 보아 준다.

내가 만일 여자로 태어날 수 있다 하면, 그믐달 같은 여자로 태어나고 싶다.

김유정

1908~1937년. 폐결핵에 시달리면서 29세를 일기로 요절하기까지 불과 2년 동안의 작가 생활을 통해 30편에 가까운 작품을 남겼다. 데뷔작 〈소낙비〉를 비롯하여, 〈금 따는 콩밭〉, 〈봄봄〉, 〈동백꽃〉, 〈따라지〉 등의 대표작이 있다.

병마와 싸우며

형아.

나는 날로 몸이 꺼진다. 이제는 자리에서 일어나기조차 자유롭지가 못하다. 밤에는 불면증으로 하여 괴로운 시간을 원망하고 누워 있다. 그리고 명열이다. 아무리 생각하여도 딱한 일이다. 이러다가는 안 되겠다. 달리 도리를 차리지 않으면 이 몸을 다시 일으키기 어렵겠다.

형아.

나는 참말로 일어나고 싶다. 지금 나는 병마와 최후 단판이다. 홍패가 이 고비에 달려 있음을 내가 잘 안다. 나에게는 돈이 시급히 필요하다. 그 돈이 없는 것이다.

내가 돈 백 원을 만들어 볼 작정이다. 동무를 사랑하는 마음으로 네가 좀 조력하여 주기 바란다. 또다시 탐정소설을 번역하여 보고 싶다. 그 외에는 다른 길이 없는 것이다. 허니 네가 보던 중 아주 대중화되고 흥미 있는 걸로 한두 권 보내 주기 바란다. 그러면 내 50일 이내로 역하여 너의 손으로 가게 하여 주마. 허거던 네가 극력 주선하여 돈을 바꿔서 보내다오.

형아.

물론 이것이 무리임을 잘 안다. 무리를 하면 병을 더친다. 그러나 그 병을 위하여 엎집어 무리를 하지 않으면 안 되는 나의 몸이다.

그 돈이 되면 우선 닭을 30마리 고아 먹겠다. 그리고 땅꾼을 드려 살모사 구렁이를 10여 뭇 먹어 보겠다. 그래야 내가 다시 살아날 것이다. 돈, 돈, 슬픈 일이다.

형아.

나는 지금 막다른 골목에 맞닥뜨렸다. 나로 하여금 너의 팔에 의지하여 광명을 찾게 하여 다오.

나는 요즘 가끔 울고 누워 있다. 모두가 답답한 사정이다.

반가운 소식 전해다오. 기다리마.

이효덕

1907~1942년. 호 가산. 강원도 평창 출생. 경성 제1고등보통학교를 거쳐 경성제국대학 법문학부 영문과를 졸업하였다. 대표작 〈메밀꽃 필 무렵〉을 비롯하여 많은 단편소설을 남겼다.

청포도의 사상

육상으로 수천 리를 돌아온 시절의 선물. 송이의 향기가 한꺼번에 가을을 실어 왔다. 보낸 이의 마음씨를 갸륵히 여기고, 먼 강산의 시절을 그리워하면서, 나는 새삼스럽게 눈앞의 가을에 눈을 옮긴다. 남창으로 향한 서탁이 차고 투명하고 푸르다. 하늘을 비춤이다. 갈릴리 바다의 빛은 그렇게도 푸를까? 벚나무 가지에 병든 잎새가 늘었고 단물이 고일 대로 고인 능금 송이가 잎 드문 가지에 젖꼭지같이 처졌다. 외포기의 야국이 만발하고, 그 찬란하던 채송화와 클로버도 시든 빛을 보여 간다.

그렇건만 새삼스럽게 가을을 생각지 않은 것은 시렁 아래 드레드레 드리운 청포도의 사연인 듯싶다. 언제든지 푸른 포도는 익었는지 안 익었는지를 분간할 수 없게 하는 까닭이다. 익은 포도알이란 방울방울의 지혜와 같이도 맑고 빛나는 법인 것을, 푸른 포도에는 광채가 없다. 물론 맛도 있었으나 하기는 기자릉의 수풀 속을 거닐 때에도 벌써 긴 양말과 잠방이만의 차림은 썰렁하고 어색하게 되었다. 머리 위에서는 참나무 잎새가 바람에 우수수 울리고, 지난 철에 베어 넘긴 정정한 소나무의 고목이 그 무슨 짐승의 시체와도 같이 쓸쓸하게 마음을 친다. 서글픈 생각을 부둥켜안고 돌아오노라면, 풀밭에 매인 산양이 애잔하게 우는 것이다. 제법 뿔을 세우고 새침하게 흰 수염을 드리우고 독판 점 잖은 척은 하나, 마음은 슬픈 것이다. 이 세상에 잘못 태어난 영원한 이 방의 나그네같이 일상 서먹서먹하고 마음 어리게 운다. 집에 돌아오면 나도 그 자리에 풀썩 쓰러지고 싶은 때가 있다. 산양을 본받아서가 아 니라, 알 수 없는 감상이 별안간 뼛속에 찾아드는 것이다. 더욱 두려운 것은 벌레소리니, 가을 벌레는 초저녁부터 새벽까지 줄달아 운다. 눈물 이나 짜내자는 심사일까? 나는 감상에 정신을 못 차리리만큼 어리지는 않으나, 감상을 비웃을 수 있으리만큼 용감하지 못하는 그것은 결코 부 끄러울 것 없는 생활의 영원한 제목일 법하니까.

부족한 것이 무엇인지를 모른다. 성적일까? 신비없는 생활은 자살을 의미한다. 환상이 위대할수록에 생활도 위대할 것이니, 그것이 없으면 서도 착잡하게 살아가는 꼴이란 용감한 것이 아니요 추접하고 측은한 것이다.

환상이 빈궁할 때 생활의 변조가 오고 감상이 스며드는 듯하다. 청포 도가 익은 것이요, 익어도 아직 청포도에 지나지는 못한다. 시렁 아래 흔하게도 달린 송이송이를 나는 진귀하게 거듭 떠볼 것 없는 것이요, 그보다는 차라리 지난날의 포도의 기억을 마음속에 되풀이하는 편이 한 층 생색 있다.

성북동의 포도원 삼팔행. 배경과 인물이 단순은 하나, 꿈이 그처럼 풍 요한 때도 드물다. 나는 그들의 치마와 저고리의 색조를 기억하지 못하 며 얼굴의 치장을 생각해 낼 수는 없으나, 그 모든 것은 이미 지나간 것 이므로 꺼져 버린 비늘 구름과도 같이 일률로 아름답고 그리운 것이다. 누렇게 물든 잔디 위에 배를 대고 누워 따끈한 석양을 담뿍 받으며, 끝 물의 포도 빛을 바라보며 무엇을 이야기하였으며, 어떤 몸을 가졌는지 한마디의 독백도 기억 속에 남지는 않는다.

산문을 이야기하고 생활을 말하였을는지도 모른다. 그러나 지금 생각하면 그것이 결코 현실의 회화여서는 안 된다. 천사의 말이요, 시의 구절이었어야 될 것 같았다. 검은 포도의 맛이 아름다웠던 것은 물론이다. 이 추억을 더 한층 아름답게 하는 것은 총중의 한 사람이 세상을 버렸음이다. 나머지 한 사람은 그 뒷소식을 알 바 없다. 영원히 가 버렸으므로 지금에 있어서 잡을 수 없으므로 이 한 토막은 한없이 아름답다. 신비가 있었다. 생활이 빛났다. 지난날의 포도의 맛은 추억의 맛이요, 꿈의 향기다.

가을을 만나 포도의 글을 쓸 때마다 이 추억을 되풀이하는 것은 그것이 청포도가 아니고 검은 포도였기 때문일까?

낙엽을 태우면서

가을이 깊어지면 나는 매일같이 뜰의 낙엽을 긁어모으지 않으면 안 된다. 날마다 하는 일이언만, 낙엽은 어느덧 날고 떨어져서 또다시 쌓이는 것이다. 낙엽이란 참으로 이 세상의 사람의 수효보다도 많은가 보다. 30여 평에 차지 못하는 뜰이언만, 날마다의 시중이 조련치 않다. 벚나무, 능금나무…… 제일 귀찮은 것이 벽의 담쟁이다. 여름 한철 벽을 온통 둘러싸고 지붕과 연돌이 붉은빛만 남기고 집 안을 통째로 초록의 세상으로 변해 줄 때가 아름다운 것이지, 잎을 다 떨어뜨리고 앙상하게 드러난 벽에 줄기를 그물같이 둘러칠 때쯤에는 벌써 다시 지릅떠볼 값조차 없는 것이다. 귀치 않는 것이 그 낙엽이다. 가령 벚나무 잎같이 신선하게 단풍이 드는 것도 아니요, 처음부터 칙칙한 색으로 물들어 재치 없는 그 넓은 잎이 지름길 위에 떨어져 비라도 맞고 나면 지저분하게 흙 속에 묻혀지는 까닭에 아무래도 날아 떨어지는 쪽쪽 그 뒷시중을 해야 된다.

벚나무 아래에 긁어 모은 낙엽의 산더미를 모으고 불을 붙이면 속의 것부터 푸슥푸슥 타기 시작해서 가는 연기가 피어오르고 바람이나 없는 날이면 그 연기가 얕게 드리워서 어느덧 뜰안에 가득히 담겨진다. 낙엽 타는 냄새같이 좋은 것이 있을까. 갓 볶아낸 커피의 냄새가 난다. 잘 익은 개암 냄새가 난다. 갈퀴를 손에 들고는 어느 때까지든지 연기 속에 우뚝 서서 흩어지는 낙엽의 산더미를 바라보며 향기로운 냄새를 맡고 있노라면 별안간 맹렬한 생활의 의욕을 느끼게 된다. 연기는 몸에 배서 어느 결엔지 옷자락과 손등에서도 냄새가 나게 된다. 나는 그 냄새를 한없이 사랑하면서 즐거운 생활감에 잠겨서는 새삼스럽게 생활의 제목을 진귀한 것으로 머릿속에 떠올린다. 음영과 윤택과 색채가 빈곤해지고 초록이 전혀 그 자취를 감추어 버린 꿈을 잃은 헌출한 뜰 복판에 서서 꿈의 껍질인 낙엽을 태우면서 오로지 생활의 상념에 잠기는 것이다. 가난한 벌거숭이의 뜰은 벌써 꿈을 메우기에는 적당하지 않은 탓일까. 화려한 초록의 기억은 참으로 멀리 까마득하게 사라져 버렸다. 벌써 추억에 잠기고 감상에 젖어서는 안 된다. 가을이다. 가을은 생활의 시절이다. 나는 화단의 뒷자리를 깊게 파고 다 타 버린 낙엽의 재를——죽어 버린 꿈의 시체를——땅 속 깊이 파묻고 엄연한 생활의 자세로 돌아서지 않으면 안 된다. 이야기 속의 소년같이 용감해지지 않으면 안 된다. 전에 없이 손수 목욕물을 긷고 혼자 불을 지피게 되는 것도 물론 이런 감격에서부터이다. 호스로 목욕통에 물을 대는 것도 즐겁거니와 고생스럽게 눈물을 흘리면서 조그만 아궁이로 나무를 태우는 것도 기쁘다. 어두컴컴한 부엌에 웅크리고 앉아서 새빨갛게 피어오르는 불꽃을 어린아이의 감동을 가지고 바라본다. 어둠을 배경으로 하고 새빨갛게 타오르는 불은 그 무슨 신성하고 신령스런 물건 같다. 얼굴을 붉게 태우면서 긴장된 자세로 웅크리고 있는 내 꼴은 흡사 그 귀중한 선물을 프로메테우스에게서 막 받았을 때의 그 태곳적 원시의 그것과 같을는지 모른다. 새삼스럽게 마음속으로 불의 덕을 찬미하면서 신화 속 영웅에게 감사의 마음을 바친다. 좀 있으면 목욕실에는 자욱하게 김이 오른다. 안개 깊은 바다의 복판에 잠겼다는 듯이 동화의 감정으로 마음을 장식하면서 목욕물 속에 전신을 깊숙이 잠글 때 바로 천국에 있는 듯한 느낌이 난다. 지상 천국은 별다른 곳이 아니다. 늘 들어가는 집안의 목욕실이 바로 그것인 것이다. 사람은 물에서 나서 결국 물 속에서 천국을 구하는 것이 아닐까.

물과 불과——이 두 가지 속에 생활은 요약된다. 시절의 의욕이 가장 강렬하게 나타나는 것은 이 두 가지에 있어서다. 어느 시절이나 다 같은 것이기는 하나, 가을부터의 절기가 가장 생활적인 까닭은 무엇보다도 이 두 가지의 원소의 즐거운 인상 위에 서기 때문이다. 난로는 새빨갛게 타야 하고 화로의 숯불은 이글이글 피어야 하고 주전자의 물은 펄펄 끓어야 된다.

백화점 아래층에서 커피의 낱을 찧어 가지고는 그대로 가방 속에 넣어 가지고 전차 속에서 진한 향기를 맡으면서 집으로 돌아온다. 그러는 내 모양을 어린애답다고 생각하면서 그 생각을 또 즐기면서 이것이 생활이다고 느끼는 것이다.

싸늘한 넓은 방에서 차를 마시면서 그제까지 생각하는 것이 생활의 생각이다. 벌써 쓸모 적어진 침대에는 더운 물통을 여러 개 넣을 궁리를 하고, 방구석에는 올 겨울에도 또 크리스마스 트리를 세우고 색전등도 장식할 것을 생각하고, 눈이 오면 스키를 시작해 볼까 하고 계획도 해 보곤 한다. 이런 공연한 생각을 할 때만은 근심과 걱정도 어디론지 사라져 버린다. 책과 씨름하고 원고지 앞에서 궁싯거리던 그 같은 서재에서 개운한 마음으로 이런 생각에 잠기는 것은 참으로 유쾌한 일이다.

책상 앞에 붙은 채 별일 없으면서도 쉴새없이 궁싯거리고 생각하고 괴로워하고 하면서 생활의 일이라면 촌음을 아끼고, 가령 뜰을 정리하는 것도 소비적이니 비생산적이니 하고 경시하던 것이, 도리어 그런 생활적 사사에 창조적·생산적인 뜻을 발견하게 된 것이 대체 무슨 까닭일까. 깊어 가는 가을이, 벌거숭이의 뜰이 한층 산 보람을 느끼게 하는 탓일까.

노천명

1912~1957년. 황해도 장연 출생. 진명학교를 거쳐, 이화여전 영문학과를 졸업하였다. 이화여전 재학 때부터 시를 발표하기 시작하여 애틋한 향수를 노래한 시들을 썼다. 널리 애송된 그의 대표작 〈사슴〉으로 인하여 '사슴의 시인'으로 애칭된다.

여 름 밤

앞벌 논가에서 개구리들이 소낙비 소리처럼 울어대고, 삼밭에서 오이 냄새가 풍겨 오는 저녁 마당 한귀퉁이에 범산넝쿨, 엉겅퀴, 다북쑥, 이런 것들이 생짜로 들어가 한데 섞여 타는 냄새란 제법 독기가 있는 것이다. 또한 거기 다만 모깃불로만 쓰이는 이외의 값진 여름밤의 운치를 지니고 있는 것이다.

달 아래 호박꽃이 화안한 저녁이면 군색스럽지 않아도 좋은 넓은 마당에는 모깃불이 피워지고 그 옆에는 멍석이 깔려지고 여기선 여름살이 다림질이 한창 벌어지는 것이다. 멍석 자리에 이렇게 앉아 보면 시누이와 올케도 정다울 수 있고, 큰애기에게 다림질을 붙잡히며, 지긋한 나이를 한 어머니는 별처럼 머언 얘기를 들려 주기도 한다. 함지박에는 갓 쪄서 김이 모락모락 나는 노오란 강냉이가 먹음직스럽게 담겨 나오는 법이겠다.

쑥대불의 알싸한 내를 싫찮게 맡으며 불부채로 종아리에 덤비는 모기를 날리면서 강냉이를 뜯어 먹고 누웠으면 여인네들의 이야기가 핀다.

이런 저녁, 멍석으로 나오는 별식은 강냉이뿐이 아니다. 연잣간에서 갓 빻아 온 햇밀에다 굵직굵직하고 얼숭덜숭한 강낭콩을 두고 한 밀범

벅이 또 있겠다. 그 구수한 맛은 이런 대처의 식당 음식쯤으로는 감당할 수 없는 것이다.

온 집 안에 매캐애한 연기가 골고루 퍼질 때쯤 되면 쑥냄새는 한층 짙어져서 가정으로 들어간다. 영악스럽던 모기들도 아리숭아리숭하는가 하면, 수풀 기슭으로 반딧불을 쫓아다니던 아이들도 하나 둘 잠자리로 들 들어가고, 마을의 여름밤은 깊어지고 아낙네들은 멍석 위에 누워서 생초 모기장도 불면증도 들어 보지 못한 채 꿀 같은 단잠이 퍼붓는다.

쑥은 더 집어넣는 사람도 없어 모깃불의 연기도 차츰 가늘어지고 보면, 여기는 바다 밑처럼 고요해진다.

굴 속에서 베를 짜던 마귀할미라도 나와서 다닐 성부른 이런 밤엔, 헛간 지붕 위에 핀 박꽃의 하이얀 빛이 나는 무서워진다.

한잠을 자고 난 애기는 아닌 밤중 뒷산 포곡새 울음소리에 선뜩해서 엄마 가슴을 파고들고, 삽살개란 놈이 괜히 짖어대면 마침내 온 동리 개들이 달을 보고 싱겁게 짖어대겠다.

대 춘

하늘을, 푸른 하늘을 좀 보자, 문장을 걷어라, 창을 활짝 열어 놓아라.

장미는 꽃병에다 꽂을 것이 아니라 항아리에다 탐스럽게 담아다 놓아라.

나는 향낭에 향을 갈아 넣기보다 생장미를 뚝 꺾어 가슴에다 꽂으련다.

오늘쯤 공작새 모양 단장을 해도 좋지 않겠느냐?

가방 속에다는 헌 일기책일랑 일체 넣지를 마라. 아무도 나와 더불어 옛 섬의 이야기를 하자고 들지 마라.

오직 새 얘기에 나는 흥미를 느끼고 또 경의를 표할 수 있는 것이다.

아름다운 날들은 이제부터 지어질는지도 모른다.

제비처럼 마음은 가벼워져도 좋다. 종달새같이 명랑할 것이다.

신설로 덮여서만 세상은 아름답게 보이는 것이 아닐 게다. 아름다운 눈으로 보면 온갖 것이 다 아름답게 보일 수 있는 것이다.

하필 왜, 불미한 것을 찾으려 들 까닭은 없지 않느냐?

아름다운 생각을 가져 보라, 네 얼굴은 단박에 미인이 될 게다.

내 행장과 함께 이두마차를 내놓아 다오, 나는 기사를 찾아 떠나야 한다.

내 목장의 열쇠를 가진 그를 나는 찾아야 한다.

함박눈이 펄펄 날리는 들녘을 지나 소 여물을 끓이는 구수한 냄새와 함께 마음이 착한 사람들의 얘기가 배꽃 모양 피는 마을을 지나 내 이 두마차는 달린다.

나는 아름다운 생각을 긴 좌우에 뿌리며 지나간다.

나의 기사는 지금쯤 어디서 말에게 샘물이라도 먹이고 있는 것이 아니냐? 내 망토 위엔 소리 없이 눈이 내려 쌓인다.

마음속엔 흰 나리꽃이 포기포기 피어난다.

시정 번뇌와 숱한 어려운 얘기들을 나는 천치인 양 잊어버리기로 했다.

불로초를 따 문 사슴이 금방 어디서 껑충 나올 것만 같다! 나는 갑자기 가슴이 셀렌다. 나의 기사, 나의 희망, 오! 그대는 나의 무지개!

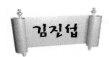

1903~? 호 청천. 경북 안동 출생. 양정고보를 마치고 일본으로 건너가 호세이대학 독문학과를 나왔다. 깊이 있는 생활 관찰과 인생 사색을 꾸밈없는 소박한 문체로 엮어낸 그의 수필은 한국 수필문학의 한 모델로 간주되고 있다.

생활인의 철학

철학을 철학자의 전유물인 것처럼 생각하고 있는 사람들이 많이 있다. 그러나 그렇게 생각하는 것도 결코 무리한 일은 아니니, 왜냐하면 그만큼 철학은 오늘날 그 본래의 사명——사람에게 인생의 의의와 인생의 지식을 교시하려 하는 의도를 거의 방기하여 버렸고, 철학자는 속세와 절연하고, 관외에 은둔하여 고일한 고독경에서 오로지 자기의 담론에만 경청하고 있기 때문이다. 이와 같이, 철학과 철학자가 생활의 지각을 완전히 상실하여 버렸다는 것은 참으로 슬픈 일이다. 그러므로 생활 속에서 부단히 인생의 예지를 추구하는 현대 중국의 '양식의 철학자' 임어당이 일찍이 "내가 임마누엘 칸트를 읽지 않는 이유는 간단하다. 석 장 이상 더 읽을 수 있었을 적이 없기 때문이다."라고 말했는데, 이 말은 논리적 사고가 과도의 발달을 성수하고, 전문적 어법이 극도로 분화한 필연의 결과로서 철학이 정치·경제보다도 훨씬 후면에 퇴거되어, 평상인은 조금도 양심의 가책을 느끼지 않고 철학의 측면을 통과하고 있는 현대 문면의 기묘한 현상을 지적한 것으로서, 사실상 오늘에 있어서는 교육이 있는 사람들도, 대개는 철학이 있으나 없으나 별로 상관이 없는 대표적 과제가 되어 있는 것을 부정하기는 어렵다.

그러나 나는 물론 여기서 소위 사변적·논리적·학문적 철학자의 철학을 비난·공격하는 것이 목적이 아니다. 나는 오직 이러한 체계적인 철학에 대하여 인생의 지식이 되는 철학을 유지하여 주는 현철한 일군의 철학자가 있었던 것을 알고 있으며, 그러한 의미에서 철학자만이 철학을 가지고 있는 것이 아니요, 어느 정도로 인간은 통찰력과 사물에 대한 판단력을 가지고 있는 이상, 모든 생활인은 그 특유의 인생관·세계관, 즉 통속적 의미에서의 철학을 가질 수 있다는 것을 다음에 말하고자 함에 불과하다.

철학자에게 철학이 필요한 것과 같이 속인에게도 철학은 필요하다. 왜 그러냐 하면, 한 가지 물건을 사는 데에 그 사람의 취미가 나타나는 것같이 친구를 선택하는 데 있어서도 그 사람의 세계관, 즉 철학은 개재되어야 할 것이요, 자기의 직업을 결정하는 경우에도 그 근본적 계기가 되는 것은 물론, 그 사람의 인생관이 아니어서는 아니 되겠기 때문이다. 가령, 우리들이 결혼이라는 것을 한번 생각해 볼 때, 한 남자로서 혹은 한 여자로서 상대자를 물색함에 있어서 실로 철학은 우리들이 상상할 수 있는 것보다는 훨씬 많이 지배적이고도 결정적인 역할을 하게 됨을 알 수 있을 것이요, 우리들이 어떠한 방식으로 생활을 설계하느냐 하는 것도, 결국은 넓은 의미에서 우리들이 부지중에 채택한 철학에 의거하여 실정하게 되는 것이다. 우리들이 생활권 내에서 취하게 되는 모든 행동의 근저에서 일반적으로 미학적 내지 윤리적 가치의식이 횡재하여 있는 것이니, 생활인의 모든 행동은 반드시 어떤 종류의 의미와 목적에 대한 관념을 내포하고 있다. 모든 사람은 소위 이상이라는 것을 가지고 있다. 그러한 이상이 각인의 행동과 운명의 척도가 되고 목표가 되는 것은 물론이려니와, 이상이란 요컨대 그 사람의 철학적 관점을 말하는 것이며, 그 사람의 일반적 세계관과 인생관에서 온 규범의 한 파

생체를 말하는 것이다.

"내 마음이 선택의 주인공이 된 이래 그것이 그대를 천 사람 속에서 추려내었다."고 햄릿은 그의 우인 호레이쇼에게 말하였다. 확실히 우인의 선택은 임의로운 의지적 행동이라고는 하나, 그러한 그것은 인생 철학에 기초를 두는 한, 이상의 지배를 받지 않을 수 없는 것이다. 햄릿은 그에 대하여 가치가 있는 인격체이며, '천지지간만물'에 대한 이해력을 가지고 있으며, 그리하여 이 인생 생활을 저 천재적이나 극히 불우한 정말(덴마크)의 공자보다도 그 근본에 있어서 보다 잘 통어할 줄 아는 까닭으로, 호레이쇼를 우인으로 택한 것이다. 비단 이뿐이 아니요, 모든 종류의 심의 활동은 가치관의 지도를 받아 가며 부단히, 그리고 결정적으로 그 운명을 형성하여 가는 것이니, 적어도 동물적 생활의 우매성을 초극한 모든 사람은 좋든 궂든 하나의 철학을 갖는 것이다. 사람은 대개 이 인생에 대하여 무엇을 요구해야 할까를 알며 그의 염원이 어느 정도로 당위와 일치하며, 혹은 배치될지를 아는 것이니, 이것은 실로 사람이 인간 생활의 의의에 대하여 사유하는 능력을 갖기 때문에 오직 가능할 수 있는 것이다.

두말할 것 없이 생활철학은 우주철학의 일부분으로서 통상적인 생활인과 전문적인 철학자와의 세계관 사이에는, 말하자면 소크라테스와 트라지엔의 목양자의 사이에 볼 수 있는 것과 같은 현저한 구별과 거리가 있을 것은 물론이나, 많은 문제에 대하여 그 특유의 견해를 갖는 점에서는 동일한 철학자인 것이다.

나는 흔히 철학자에게서 생활에 대한 예지의 부족을 인식하고 크게 놀라는 반면에는 농산어촌의 백성 또는 일개 의부녀자에게 철학적인 달관을 발견하여 깊이 머리를 숙이는 일이 불소함을 알고 있다. 생활인으로서의 나에게는 필부필부의 생활 체험에서 우러난 소박·진실한 안식이 고명한 철학자의 난해한 글보다는 훨씬 맛이 있다는 것을 고백하지 않을 수 없다. 원래 현실적 정세를 파악하고 투시하는 예민한 감각과 명확한 사고력은 혹종의 여자에 있어서 보다 더 발견되어 있으므로, 나는 흔히 현실을 말하고 생활을 하소연하는 부녀자의 아름다운 음성에 경청하여, 그 가운데서 또한 많은 가지가지의 생활철학을 발견하는 열락은 결코 적은 것이 아니다.

하나의 좋은 경구는 한 권의 담론서보다 나은 것이다. 그리하여 언제나 인생의 지식인 철학의 진의를 전승하는 현철이 존재한다는 것은 고마운 일이다. 그래서, 이러한 무명의 현철은 사실상 많은 생활인의 머릿속에 숨어 있는 것이다. 생활의 예지—이것이 곧 생활인의 귀중한 철학이다.

백 설 부

　말하기조차 어리석은 일이나, 도회인으로서 비를 싫어하는 사람은 많을지 몰라도, 눈을 싫어하는 사람은 아마 거의 없을 것이다. 눈을 즐겨하는 것은 비단 개와 어린이들뿐만이 아닐 것이요, 겨울에 눈이 내리면 온 세상이 일제히 고요한 환호성을 소리높이 지르는 듯한 느낌이 난다.

　눈 오는 날에 나는 일찍이 무기력하고 우울한 통행인을 거리에서 보지 못하였으니, 부드러운 설편이 생활에 지친 우리의 굳은 얼굴을 어루만지고 간질일 때, 우리는 어찌 된 연유인지, 부지중 온화하게 된 마음과 인간다운 색채를 띤 눈을 가지고 이웃 사람들에게 경쾌한 목례를 보내지 않을 수 없게 되는 것이다.

　나는 겨울을 사랑한다. 겨울의 모진 바람 속에 태고의 음향을 찾아듣기를 나는 좋아하는 자이기 때문이다. 그러나 무어라 해도 겨울이 겨울다운 서정시는 백설, 이것이 정숙히 읊조리는 것이니, 겨울이 익어 가면 최초의 강설에 의해서 멀고 먼 동경의 나라는 비로소 도회에까지 고요히 고요히 들어오는 것인데, 눈이 와서 도회가 잠시 문명의 구각을 탈하고 현란한 백의를 갈아입을 때, 눈과 같이 온 이 넓고 힘세고 성스러운 나라 때문에 도회는 문득 얼마나 조용해지고 자그마해지고 정숙해지는지 알 수 없는 것이지만, 이 때 집이란 집은 모두가 먼 꿈 속에 포근히 안기고 사람들 역시 희귀한 자연의 아들이 되어 모든 것은 일시에 원시 시대의 풍속을 탈환한 상태를 정한다.

　온 천하가 얼어붙어서 찬 돌과 같이도 딱딱한 겨울날의 한가운데, 대체 어디서부터 이 한없이 부드럽고 깨끗한 영혼은 아무 소리도 없이 한들한들 춤추며 내려오는 것인지, 비가 겨울이 되면 얼어서 눈으로 화한다는 것은 참으로 고마운 일이다.

만일에 이 삭연한 삼동이 불행히도 백설을 가질 수 없다면, 우리의 적은 위안은 더욱이나 그 양을 줄이고야 말 것이니, 가령 우리가 아침에 자고 일어나서 추위를 참고 열고 싶지 않은 창을 가만히 밀고 밖을 한번 내다보면, 이것이 무어랴, 백설애애한 세계가 눈앞에 전개되어 있을 때, 그 때 우리가 마음에 느끼는 것은 과연 무엇일까? 말할 수 없는 환희 속에 우리가 느끼는 감상은 물론 우리가 간밤에 고운 눈이 이같이 내려서 쌓이는 것도 모르고 이 아름다운 밤을 헛되이 자 버렸다는 것에 대한 후회의 정이요, 그래서 가령 우리는 어젯밤에 잘 적엔 인생의 무의미에 대해서 최후의 단안을 내린 바 있었다 하더라도, 적설을 조망하는 이 순간에만은 생의 고요한 유열과 가슴의 가벼운 경악을 아울러 맛볼지니, 소리없이 온 눈이 소리없이 곧 가 버리지 않고 마치 그것은 하늘이 내리어 주신 선물인 거나 같이 순결하고 반가운 모양으로 우리의 마음을 즐겁게 하고, 또 순화시켜 주기 위해서 아직도 얼마 사이까지는 남아 있어 준다는 것은, 흡사 우리의 애인이 우리를 가만히 몰래 습격함으로 의해서 우리의 경탄과 우리의 열락을 더한층 고조하려는 그것과도 같다고나 할는지!

우리의 온 밤을 행복스럽게 만들어 주기는 하나, 아침이면 흔적도 없이 사라지는 감미한 꿈과 같이 그렇게 민속하다고는 할 수 없어도 한번 내린 눈은, 그러나 그다지 오랫동안은 남아 있어 주지는 않는다.

이 지상의 모든 아름다운 것은 슬픈 일이나 얼마나 단명하며 또 얼마나 없어지기 쉬운가! 그것은 말하자면 기적같이 와서는 행복같이 달아나 버리는 것이다.

변연 백설이 경쾌한 윤무를 가지고 공중에서 편편히 지상에 내려올 때, 이 순치할 수 없는 고공 무용이 원거리에 뻗친 과감한 분란은 이를 보는 사람으로 하여금 거의 처연한 심사를 가지게까지 하는데, 대체 이들 흰 생명들은 이렇게 수많이 모여선 어디로 가려는 것인고? 이는 자유의 도취 속에 부유함을 말함인가? 혹은 그는 우리의 참여하기 어려운 열락에 탐닉하고 있음을 말함인가? 백설이여! 잠시 묻노니, 너는 지상의 누가 유혹했기에 이 곳에 내려오는 것이며, 그리고 또 너는 공중에서 무질서의 쾌락을 배운 뒤에, 이 곳에 와서 무엇을 시작하려는 것이냐?

천국의 아들이요, 경쾌한 족속이요, 바람의 희생자인 백설이여! 과연 뉘라서 너희의 무정부주의를 통제할 수 있으랴? 너희들은 우리들 사람까지를 너희의 혼란 속에 휩쓸어 넣을 작정인 줄은 알 수 없으되, 그리고 또 사실상 그 속에 혹은 기뻐히, 혹은 할 수 없이 휩쓸려 들어가는 자도 많이 있으리라마는, 그러나 사람이 과연 그러한 혼탁한 와중에서 능히 견딜 수 있으리라고 너희는 생각하느냐?

백설의 이 같은 난무는 물론 언제까지나 계속되는 것은 아니다. 일단 강설의 상태가 정지되면, 눈은 지상에 쌓여 실로 놀랄 만한 통일체를 현출시키는 것이니, 이와 같은 완전한 질서, 이와 같은 화려한 장식을 우리는 백설이 아니면 어디서 또다시 발견할 수 있을까? 그래서 그 주위에는 또한 하나의 신성한 정밀이 진좌하여, 그것은 우리에게 우리의 마음을 엿듣도록 명령하는 것이니, 이 때 모든 사람은 긴장한 마음을 가지고 백설의 계시에 깊이 귀를 기울이지 않을 수 없는 것이다.

보라! 우리가 절망 속에서 기다리고 동경하던 계시는 참으로 여기 우리 앞에 와서 있지는 않는가? 어제까지도 침울한 암흑 속에 잠겨 있던 모든 것이, 이제는 백설의 은총에 의하여 문득 빛나고 번쩍이고 약동하고 웃음치기를 시작하고 있기 때문이다.

말라붙은 풀포기, 앙상한 나뭇가지들조차 풍만한 백화를 달고 있음은 물론이요, 괴벗은 전야는 성자의 영지가 되고, 공허한 정원은 아름다운 선물로 가득하다. 모든 것은 성화되어 새롭고 정결하고 젊고 정숙한 가운데 소생되는데 그 질서, 그 정밀은 우리에게 안식을 주며 영원의 해조에 대하여 말한다.

이 때 우리의 회의는 사라지고, 우리의 두 눈은 빛나며, 우리의 가슴은 말할 수 없는 무엇을 느끼면서, 위에서 온 축복을 향해서 오직 감사와 찬탄을 노래할 뿐이다.

눈은 이 지상에 있는 모든 것을 덮어 줌으로 의해서 하나같이 희게 하고 아름답게 하는 것이지만, 특히 그 중에도 눈에 덮인 공원, 눈에 안긴 성사, 눈 밑에 누운 무너진 고적, 눈 속에 높이 선 동상 등을 봄은 일단으로 더 흥취의 깊은 곳이 있으니, 그것은 모두가 우울한 옛 시를 읽은 것과도 같이, 그 눈이 내리는 배후에는 알 수 없는 신비가 숨쉬고 있는 듯한 느낌을 준다. 공원에는 아마도 늙을 줄을 모르는 흰 사슴들이 떼를 지어 뛰어다닐지도 모르는 것이고, 저 성사 안 심원에는 이상한 향기를 가진 알라바스터의 꽃이 한 송이 눈 속에 외로이 피어 있는지도 알 수 없는 것이며, 저 동상은 아마도 이 모든 비밀을 저 혼자 알게 되는 것을 안타까이 생각하고 있을지도 모르기 때문이다.

그러나 무어라 해도 참된 눈은 도회에 속할 물건이 아니다. 그것은 산중 깊이 천인만장의 계곡에서 맹수를 잡는 자의 체험할 물건이 아니면 아니 된다.

생각하여 보라! 이 세상에 있는 눈으로서는 여러 가지가 있을 것이니, 가령 열대의 뜨거운 태양에 쪼임을 받는 저 킬리만자로의 눈, 멀고 먼 옛날부터 아직껏 녹지 않고 안타르크리스에 잔존해 있다는 눈, 우랄과

알래스카의 고원에 보이는 적설, 또는 오자마자 순식간에 없어져 버린 다는 상부 이탈리아의 눈 등…… 이러한 여러 가지 종류의 눈을 보지 않고는 도저히 눈에 대해서 말할 수 없다고 아니할 수 없다.

그러나 불행히 우리의 눈에 대한 체험은 그저 단순히 눈 오는 밤에 서울 거리를 술집이나 몇 집 들어가며 배회하는 정도에 국한되는 것이니, 생각하면 사실 나의 백설부란 것도 근거 없고 싱겁기가 짝이 없다 할밖에 없다.

행 복

　사람들은 흔히 행복 행복하고 떠들지만, 대체 행복이란 무엇을 말함인가? 이것은 내 스스로 일찍이 여러 번 생각해 보고 더러는 사람에게 물어도 보았거니와, 실로 포착할 수 없는 것이야말로 행복이라고 하는지 오늘날까지도 나는 이것을 잘 알 수가 없다. 사람에 의해서는 이것을 자명한 문제인 듯 여기고, 행복은 사람이 건강과 부유와 권세의 세 가지를 가질 수 있을 때 능히 획득할 수 있는 것이라 한다.

　이것은 대강 세간 일반의 견해와도 일치하는 것으로, 건강은 사람이 살아서 모든 것을 요구하기 위하여 첫째로 없지 못할 것이겠고 부유는 사람이 모든 것을 얻기 위해서, 또 권세는 우리가 무엇을 해도 용사(용서하여 놓아줌)될 수 있기 때문에 인간 행복의 이상이 되는 것이겠다. 그러나 우리가 이 세 가지 요소를 구비할 수 있을 때 과연 우리는 행복할까?

　그러나 우리가 행복의 문제를 더 좀 신중히 생각할 때는 이것이 결코 자명한 문제가 아님을 곧 알 수 있을 것이다. 왜냐하면, 사람의 행복은 사람에 따라 다들 다르기 때문이다. 제아무리 거만의 부와 일세의 권세를 누리고 있다 하더라도 그들 중에는 죽음이 그리울 만큼 밤마다 불행에 우는 사람이 없지 않으며, 건강은 실로 병자에게만 한해서 처음으로 행복의 요소가 될 수 있는 것이니, 보라, 세상에는 이미 건강한 몸을 가지고도, 이미 부유하면서도 또 이미 권세의 인이면서도 하나의 절망상태에서 행복을 추구하는 사람들이 얼마나 많이 두동하고 있는가를.

'모든 것을 추구하기 위하여' 우선에 건강이 필요하다고는 하지만, 그 모든 것이 도달될 수 없는 마당에 추구만 하면 무슨 소용이랴! 행복은 적어도 전혀 불가능한 것에 대한 영원한 섭렵은 결코 아니다. 행복되려 하는 사람은 그러므로 무엇보다도 먼저 결핍에 견디는 심술을 배움이 필요하다.

　그 몸이 건강한 사람도 절제를 해야 할 것은 물론이니, 방자한 행보가 한번 병상에 미끄러질 때, 여기서 그는 행복이 단순히 무절제한 추구에 있는 것이 아님을 비로소 알리라. 도달할 수 있는 것을 추구하여 그것이 획득될 때 처음 안정은 오는 것이요, 이 안심 입명이 없을 때 물론 행복은 상상할 수 없는 것이다.

　'모든 것을 할 수 있기 위하여' 사람에겐 부가 필요하다고 하지만, 그러면 부자는 과연 모든 것을 능히 할 수 있다고 제군은 생각하는가? 부자는 물론 그가 가진 돈으로 많은 물건을 살 수는 있다. 그러나 인생의 최선할 것은 금전으로써는 살 수 없는 것에 속한다. 구매 능력에서 오는 안가한 행복은 결코 행복이 아니라 차라리 하나의 낙망, 하나의 불행에 가까운 자이니, 부자가 사람의 눈을 현황하게 할 때 그 화미와 사치 속에는 실로 행복과는 스스로 거리가 먼 기만과 불행과 재난이 숨쉬고 있는 것이다.

　물론 '무엇을 해도 용사되는 권세'도 좋기야 좋지만, 우리는 이 권세가 사람에게 당위와 의무의 무거운 부담을 과하는 사실을 무시할 만큼 근시안적이어서는 안 될지니, 이 부담은 사실 우리에게 분방한 행세를 하게 하는 시간적 여유를 줄 만큼 결코 가볍지는 않기 때문이다. 권력의 필연성은 참으로 자유를 억압하는 데 있는 것이요, 사람이란 원래 많은 의무를 걸머진 도덕의 아들이니, 무엇을 해도 용사되는 그러한 세력은 요컨대 창조적 의무의 희미한 반사 광선에 불과한 것이다.

일찍이 앞날의 폭군은 있었고 오늘도 그것은 있다. 그리하여 그들은 물론 문자 그대로 '무엇을 해도 용사되는 권력'을 누릴 수 있었다. 그러나 이러한 폭군의 세도가 과연 행복에 속할 무엇일까? 아니다, 결코 아니다.

여기서 우리가 적이 알 수 있는 것은 행복은 이 세상에 실재로서는 엄연히 존재하고 있는 것이 아니므로, 우리의 손에 포착·추구·섭렵될 수 있는 성질의 것은 아니라는 것이니, 결국 우리는 앞날에 선량한 사람들이 그렇게 살았듯이, 우리가 행복 이외에 다른 것, 즉 다시 말하면 보람있는 사람이 진심으로 영위하고 있는 동안이면 어느 날엔가는 그들과 같이 우리 역시 행복을 마음속에서 느낄 날이 있으리라는 것을 믿고 사는 수밖에는 없다.

사실상 행복은 또한 그러한 형식으로서만 우리의 마음속에 느껴지는 감정이 아닐까 한다.

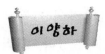

이양하

1904~1963년. 평안남도 강서 출생. 일본 도쿄대학교 영문과를 졸업하고 동 대학원을 수료하였다. 1948년 《이양하 수필집》, 1960년 수필집 《나무》를 간행했고, 1930년 최재서 등과 함께 주지주의 문학이론을 소개하고 스스로 《문장》지 등에 시를 발표하기도 했다.

신록예찬

봄, 여름, 가을, 겨울, 두루 사시를 두고 자연이 우리에게 내리는 혜택에는 제한이 없다. 그러나 그 중에도 그 혜택을 가장 풍성히 아낌없이 내리는 시절은 봄과 여름이요, 그 중에도 그 혜택이 가장 아름답게 나타나는 것은 봄, 봄 가운데도 만산에 녹엽이 싹트는 이 때일 것이다. 눈을 들어 하늘을 우러러보고 먼 산을 바라보라. 어린애의 웃음같이 깨끗하고 명랑한 5월의 하늘, 나날이 푸르러 가는 이 산 저 산, 나날이 새로운 경이를 가져오는 이 언덕 저 언덕, 그리고 하늘을 달리고 녹음을 스쳐 오는 맑고 향기로운 바람——우리가 비록 빈한하여 가진 것이 없다 할지라도 우리는 이러한 때 모든 것을 가진 듯하고, 우리의 마음이 비록 가난하여 바라는 바, 기대하는 바가 없다 할지라도, 하늘을 달리고 녹음을 스쳐 오는 바람은 다음 순간에라도 모든 것을 가져올 듯하지 아니한가?

오늘도 하늘은 더할 나위 없이 맑고, 우리 연전 일대를 덮은 신록은 어제보다도 한층 더 깨끗하고 신선하고 생기 있는 듯하다. 나는 오늘도 나의 문법 시간이 끝나자, 큰 무거운 짐이나 벗어 놓은 듯이 옷을 훨훨

떨며, 본관 서쪽 숲 사이에 있는 나의 자리를 찾아 올라간다. 나의 자리
래야 솔밭 사이에 있는 겨우 걸터앉을 만한 조그마한 소나무 그루터기
에 지나지 못하지마는, 오고 가는 여러 동료가 나의 자리라고 명명하여
주고, 또 나 자신도 하룻동안에 가장 기쁜 시간을 이 자리에서 가질 수
있으므로, 시간의 여유가 있을 때마다 나는 한 특권이나 차지하는 듯이,
이 자리를 찾아 올라와 앉아 있기를 좋아한다. 물론, 나에게 멀리 군속
을 떠나 고고한 가운데 처하기를 원하는 선골이 있다거나, 또는 나의
성미가 남달리 괴팍하여 사람을 싫어한다거나 하는 것은 아니다. 나는
역시 사람 사이에 처하기를 즐거워하고, 사람을 그리워하는 갑남을녀의
하나요, 또 사람이란 모든 결점이 있음에도 불구하고, 역시 가장 아름다
운 존재의 하나라고 생각한다. 그리고 또, 사람으로서도 아름다운 사람
이 되려면 반드시 사람 사이에 살고, 사람 사이에서 울고 웃고 부대껴
야 한다고 생각한다. 그러나 이러한 때——푸른 하늘과 찬란한 태양이
있고, 황홀한 신록이 모든 산, 모든 언덕을 덮는 이 때, 기쁨의 속삭임
이 하늘과 땅, 나무와 나무, 풀잎과 풀잎 사이에 은밀히 수수되고, 그들
의 기쁨의 노래가 금시라도 우렁차게 터져 나와, 산과 들을 흔들 듯한
이러한 때를 당하면, 나는 곁에 비록 친한 동무가 있고, 그의 재미있는
이야기가 있다 할지라도, 이러한 자연에 곁눈을 팔지 아니할 수 없으며,
그의 기쁨의 노래에 귀를 기울이지 아니할 수 없게 된다. 그리고 또, 어
떻게 생각하면, 우리 사람이란——세속에 얽매여, 머리 위에 푸른 하늘
이 있는 것을 알지 못하고, 주머니의 돈을 세고, 지위를 생각하고, 명예
를 생각하는 데 여념이 없거나, 또는 오욕 칠정에 사로잡혀, 서로 미워
하고 시기하고 질투하고 싸우는 데 마음에 영일을 가지지 못하는 우리
사람이란, 어떻게 비소하고 어떻게 저속한 것인지. 결국은 이 대자연의
거룩하고 아름답고, 영광스러운 조화를 깨뜨리는 한 오점 또는 한 잡음

밖에 되어 보이지 아니하여, 될 수 있으면 이러한 때를 타서, 잠깐 동안이나마 사람을 떠나, 사람의 일을 잊고, 풀과 나무와 하늘과 바람과 한가지로 숨쉬고 느끼고 노래하고 싶은 마음을 억제할 수가 없다.

그리고 또, 사실 이즈음의 신록에는 우리의 마음에 참다운 기쁨과 위안을 주는 이상한 힘이 있는 듯하다. 신록을 대하고 있으면, 신록은 먼저 나의 눈을 씻고 나의 머리를 씻고, 나의 가슴을 씻고, 다음에 나의 마음의 모든 구석구석을 하나하나 씻어 낸다. 그리고 나의 마음의 모든 티끌——나의 모든 욕망과 굴욕과 고통과 곤란이 하나하나 사라지는 다음 순간, 별과 바람과 하늘과 풀이 그의 기쁨과 노래를 가지고 나의 빈 머리에, 가슴에, 마음에 고이고이 들어앉는다. 말하자면 나의 흉중에도 신록이요, 나의 안전에도 신록이다. 주객일체, 물심일여라 할까, 현요하다 할까. 무념무상, 무장무애, 이러한 때 나는 모든 것을 잊고, 모든 것을 가진 듯이 행복스럽고, 또 이러한 때 나에게는 아무런 감각의 혼란도 없고 심정의 고갈도 없고, 다만 무한한 풍부의 유열과 평화가 있을 따름이다. 그리고 또 이러한 때에 비로소 나는 모든 오욕과 우울에서 완전히 자유로울 수 있고, 나의 마음의 모든 상극과 갈등을 극복하고 고양하여, 조화 있고 질서 있는 세계에까지 높인 듯한 느낌을 가질 수 있다.

그러기에, 초록에 한하여 나에게는 청탁이 없다. 가장 연한 것에서 가장 짙은 것에 이르기까지 나는 모든 초록을 사랑한다. 그러나 초록에도 짧으나마 일생이 있다. 봄바람을 타 새 움과 어린 잎이 돋아 나올 때를 신록의 유년이라 한다면, 삼복 염천 아래 울창한 잎으로 그늘을 짓는 때를 그의 장년 내지 노년이라 하겠다. 유년에는 유년의 아름다움이 있고, 장년에는 장년의 아름다움이 있어, 취사하고 선택할 여지가 없지마는, 신록에 있어서도 가장 아름다운 것은 역시 이즈음과 같은 그의 청춘 시대――움 가운데 숨어 있던 잎의 하나하나가 모두 형태를 갖추어 완전한 잎이 되는 동시에, 처음 태양의 세례를 받아 청신하고 발랄한 담록을 띠는 시절이라 하겠다. 이 시대는 신록에 있어서 불행히 짧다. 어떤 나무에 있어서는 혹 2, 3주일을 셀 수 있으나, 어떤 나무에 있어서는 불과 3, 4일이 되지 못하여, 그의 가장 아름다운 시절은 지나가 버린다. 그러나 이 짧은 동안의 신록의 아름다움이야말로 참으로 비할 데가 없다. 초록이 비록 소박하고 겸허한 빛이라 할지라도, 이러한 때의 초록은, 그의 아름다움에 있어 어떤 색채에도 뒤서지 아니할 것이다. 예컨대 이러한 고귀한 순간의 단풍 또는 낙엽송을 보라. 그것이 드물다 하면 이즈음의 도토리, 버들 또는 임간에 있는 이름 없는 이 풀 저 풀을 보라. 그의 청신한 자색, 그의 보드라운 감촉, 그리고 그의 그윽하고 아담한 향훈, 참으로 놀랄 만한 자연의 극치의 하나가 아니며, 또 우리가 충심으로 찬미하고 감사할 만한 자연의 아름다운 혜택의 하나가 아닌가!

나 무

　나무는 덕을 가졌다. 나무는 주어진 분수에 만족할 줄을 안다. 나무로 태어난 것을 탓하지 아니하고, 왜 여기 놓이고 저기 놓이지 않았는가를 말하지 아니한다. 등성이에 서면 햇살이 따사로울까, 골짜기에 내려서면 물이 좋을까 하여, 새로운 자리를 엿보는 일도 없다. 물과 흙과 태양의 아들로 물과 흙과 태양이 주는 대로 받고, 후박과 불만족을 말하지 아니한다. 이웃 친구의 처지에 눈떠 보는 일도 없다. 소나무는 진달래를 내려다보되 깔보는 일이 없고, 진달래는 소나무를 우러러보되 부러워하는 일이 없다. 소나무는 소나무대로 스스로 족하고 진달래는 진달래대로 스스로 족하다.

　나무는 고독하다. 나무는 모든 고독을 안다. 안개에 잠긴 아침의 고독을 알고, 구름에 덮인 저녁의 고독을 안다. 부슬비 내리는 가을 저녁의 고독도 알고 함박눈 펄펄 날리는 겨울 아침의 고독도 안다. 나무는 파리 옴짝 않는 한여름 대낮의 고독을 알고, 별 얼고 돌 우는 동짓날 한밤의 고독도 안다. 그러나 나무는 어디까지든지 고독에 견디고 고독을 이기고 또 고독을 즐긴다.

　나무에 아주 친구가 없는 것은 아니다. 달이 있고, 바람이 있고, 새가 있다. 달은 때를 어기지 아니하고 찾고 고독한 여름밤을 같이 지내고 가는 의리 있고 다정한 친구다. 웃을 뿐 말이 없으나 이심전심 의사가 잘 소통되고 아주 비위에 맞는 친구다. 바람은 달과 달라 아주 변덕 많고 수다스럽고 믿지 못할 친구다. 그야말로 바람잡이 친구다. 자기 마음에 내키는 때 찾아올 뿐 아니라, 어떤 때는 쏘삭쏘삭 알랑대고 어떤 때는 난데없이 휘갈기고, 또 어떤 때는 공연히 뒤틀려 우악스럽게 남의 팔다리에 상채기를 내놓고 달아난다. 새 역시 바람같이 믿지 못할 친구다. 역시 자기 마음 내키는 때 찾아오고 자기 마음 내키는 때 달아난다. 그러나 가다 말고 와 둥지를 틀고 지쳤을 때 찾아와 쉬며 푸념하는 것이 귀엽다. 그리고 가다 흥겨워 노래할 때 노래 들을 수 있는 것이 또한 기쁨이 되지 아니할 수 없다. 나무는 이 모든 것을 잘 가릴 줄 안다. 그러나 좋은 친구라 하여 달만을 반기고 믿지 못할 친구라 하여 새와 바람을 물리치는 일이 없다. 그리고 달을 유달리 후대하고 새와 바람을 박대하는 일도 없다. 달은 달대로 새는 새대로 바람은 바람대로 다 같이 친구로 대한다. 그리고 친구가 오면 다행하게 생각하고 오지 않는다고 하여 불행해하는 법이 없다. 같은 나무, 이웃 나무가 가장 좋은 친구가 되는 것은 두말할 것이 없다. 나무는 서로 속속들이 이해하고 진심으로 동정하고 공감한다. 서로 마주 보기만 해도 기쁘고, 일생을 이웃하고 살아도 싫증나지 않는 참다운 친구다. 그러나 나무는 친구끼리 서로 즐긴다느니보다는 제각기 하늘이 준 힘을 다하여 널리 가지를 펴고 아름다운 꽃을 피우고 열매를 맺는 데 더 힘을 쓴다. 그리고 하늘을 우러러 항상 감사하고 찬송하고 묵도하는 것으로 일삼는다. 그러길래 나무는 언제나 하늘을 향하여 손을 쳐들고 있다. 그리고 온갖 나뭇잎이 욱은 숲을 찾는 사람이 거룩한 전당에 들어선 것처럼 엄숙하고 경건한 마음으로 자연 옷깃을 여미고 우렁찬 찬가에 귀를 기울이게 되는 이유도 여기 있다.

나무에 하나 원하는 것이 있다면 그것은 천명을 다한 뒤에 하늘 뜻대로 다시 흙과 물로 돌아가는 것이다. 그러나 사람은 가다 장난삼아 칼로 제 이름을 새겨 보고, 흔히는 자기 소용 닿는 대로 가지를 쳐 가고 송두리째 베어 가고 한다. 나무는 그래도 원망하지 않는다. 새긴 이름은 도리어 그들의 원대로 키워 가고 베어 간 재목이 혹 자길 해칠 도끼자루가 되고 톱손잡이가 된다 하더라도 이렇다 하는 법이 없다. 나무는 훌륭한 견인주의자요, 고독의 철인이요, 안분지족의 현인이다. 불교의 소위 윤회설이 참말이라면 나는 죽어서 나무가 되고 싶다.

"무슨 나무가 될까?" 이미 나무를 뜻하였으니 진달래가 될까, 소나무가 될까는 가리지 않으련다.

김소운

1907~1981년. 부산 출생. 사립 옥성 학교를 중퇴하고, 13세 때 일본으로 건너가 그 곳에서 오랫동안 생활하였다. 1965년 귀국 후 본격적인 수필문학에 몰두하여 《물 한 그릇의 행복》 등 10여 권의 수필집을 발표하였다.

인생의 묘미

실패란 것이 있고 성공이란 것이 있다. 어떤 것이 성공이며 어떤 것이 실패인가를 ㄱ씨는 모른다. 천 원어치 행상꾼이 만 원 밑천으로 판자 가게를 내게 된 것도 성공이요, 10억 자본의 큰 회사가 5억으로 줄어든 것도 실패라면 실패이다. 10만 원 이윤을 기대했던 장사가 5만 원 번 것은 실패라고 볼 수 있고, 5천 원을 바랐다가 만 원이 생기면 이것은 성공일 수밖에 없다. 하필 물질이나 장삿속에만 한한 것이 아니리라. 인간 일생을 통틀어서 과연 어느 것이 성공이요 어느 것을 실패라고 할 것인가? 이 점에 있어서는 언제나 ㄱ씨는 회의적이다.

그러나 누구의 눈에도 뚜렷한 결정적인 실패란 것이 있다. 누구나 인정하는 불행도 있다. 이 실패, 이 불행에 인생을 아로새기는 묘미가 있다고 ㄱ씨는 생각한다.

십여 년 전 ㄱ씨는 '바둑판'을 두고 글 하나를 쓴 적이 있다. 비자나무로 다듬은 일본식 바둑판——. 단면의 무늬가 고르고, 모든 조건에 합격한 1급품은 30년 전 값으로 2천 원, 요즘 시세로는 30~40만 원은 간다.

이 1급품 위에 또 하나 특급품이란 것이 있다. 용재며 치수며 연륜의 무늬며 어느 점에도 1급품과 다른 데가 없으나, 반면에 머리카락만한 가느다란 흉터가 보이면 이것이 '특급품'이다. 물론 값도 1급보다 10퍼센트 정도 비싸다.

흉이 있어서 값이 내리는 게 아니고 도리어 비싸진다는 데 진진한 흥미가 있다.

오랜 세월을 두고 공들여서 기른 나무가 바둑판으로 완성될 직전에 예측하지 않은 사고로 금이 가 버리는 수가 있다. 1급품 바둑판이 목침감으로 전락할 순간이다.

그러나 그것이 최후는 아니다. 금 간 틈으로 먼지나 티가 들지 않도록 헝겊으로 고이 싸서 손 가지 않는 곳에 간수해 둔다. 1년, 이태, 때로 3년까지 그냥 두어 둔다. 추위와 더위가 몇 차례 없이 반복되고, 습기와 건조가 여러 차례 순환한다. 그 새 상처 났던 바둑판은 제 힘으로 제 상처를 고쳐서 본디대로 유착해 버리고, 금 갔던 자리에 머리카락 같은 흔적만이 남는다. 언제나 그렇다는 것은 아니다. 한번 금 간 그 시련을 이겨내는 바둑판은 열에 하나가 어렵다.

일어로 '가야방'이라는 이 비자목 바둑판은 연하고 부드러운 탄력성이 특질이다. 한두 판만 두어도 돌자국으로 반면이 얽어 버린다. 그냥 두어 두면 하룻밤 새 본디대로 다시 평평해진다. 돌을 놓을 때의 그 부드러운 감촉, '가야방'이 진중되는 것은 이 까닭이다.

한번 금이 갔다가 다시 제 힘으로 붙어진 것은 그 부드럽고 연한 특질을 증명해 보인, 이를테면 졸업 증서이다. 하마터면 목침 감이 될 뻔한 비자목 바둑판이 이래서 특급품으로 승격한다.

ㄱ씨가 말하는 인생의 묘미란 이것이다.

실패나 불행은 환영할 것이 못된다. 그러나 그것이 마지막은 아니다. 실패와 성공을 몇 차례 없이 거듭하면서, 쓴맛 단맛을 고루고루 겪어

가면서 살아가는 인생——만일에 쓰러진 채 다시 일어나지 못하는 실패가 있다면 그것이야말로 막가는 실패요 불행일 수밖에 없다. 금이 간 채 제 힘으로는 아물지 않는 바둑판 맞잡이이다.

그러나 ㄱ씨는 믿고 있다. 때로는 그 불행, 그 실패로 해서 한결 더 깊어지는 인생이 있고 정화되는 사랑이 있다는 것을…….

"인간이 바둑판만도 못하다고 해서야 될 말인가."

옛날 쓴 ㄱ씨의 글에는 이런 끝맺음이 붙어 있었다.

행복의 기준을 어디다 두어야 할 것인가? 앞 못 보는 소경은 단 한 번 빛을 보기를 원할 것이요, 다리를 못 쓰는 앉은뱅이는 제 발로 걸을 수만 있다면——하는 것이 가장 절실한 소망일 것이다.

ㄱ씨는 그 옛날 수인 호송차에 실려서 대도회의 큰 길을 달린 적이 있었다. 호송차에서 내다보이는 길 가는 사람들의 그 행복스런 모습, 그러나 행인들에게 그 행복이 있었던 것은 아니다.

제 눈으로 빛을 볼 수 있는, 제 다리로 길을 걸을 수 있는 성한 사람들이 만일에 소경이나 앉은뱅이의 마음을 가질 수만 있다면 이 세상의 불행은 얼마나 줄어들 것인가? 자유롭게 제 발로 길 가는 행인이 호송차에 실려 가는 수인의 마음을 엿볼 수만 있다면 그들은 제 자신의 행복에 얼마나 가슴이 뛸 것인가?

온 천지에 넘쳐흐르는 행복! 목마른 자만이 아는 물 한 그릇의 행복!

——ㄱ씨는 눈을 감고 이런 생각에 잠길 때가 있다.

이하윤

1906~1974년. 강원도 이천 출생. 일본 호세이 대학교 문과를 졸업하고 경성여자미술학교 교사, 중외일보사 학예부 기자로 활동했다. 저서로 시집 《물레방아》, 《실향의 화원》이 있고, 역시집으로는 《불란서 시선집》, 《영국애란시선》 등이 있다.

메 모 광

어느 때부터인지 나는 메모에 집착, 의뢰하기 시작하여 오늘에 와서는 잠시라도 이 메모를 버리고 살 수 없는, 실로 한 메모광이 되고 말았다. 이러한 버릇이 차차 커짐에 따라, 내 기억력까지를 의심하리만큼 뇌수의 일부 분실을 메모 뭉텅이로 가득 찬 포켓으로 만든 듯한 감이 없지 않다.

그러나 나는 수첩도, 일정한 메모 용지도 잘 사용하지 않는다. 아무 종이거나 원고지도 좋고, 휴지도 가릴 바 아니다.——닥치는 대로 메모가 되어 안팎으로 상하 종횡으로 쓰고 지워서, 일변 닳고 해지는 동안에 정리를 당하고 마는지라, 만일 수첩을 메모와 겸용한다면, 한 달이 못 가서 잉크투성이로 변하거나, 책장 찢어진 나머지의 실오리까지 끊어져 버리거나 할 것이다.

불을 끄고 자리에 누웠을 때, 흔히 내 머리에 떠오르는 즉흥적 시문, 밝은 날에 실천하고 싶은 이상안의 가지가지, 나는 이런 것들을 망각의 세계로 놓치고 싶지 않다. 그러므로 내 머리맡에는 원고지와 연필이 상비되어 있어, 간단한 것이면 어둠 속에서도 능히 적어 둘 수가 있다.

가령, 수건과 비누를 들고 목욕탕을 나선 도중에 무슨 생각이 머릿속에 떠오르면, 또 나는 이것을 잊을까 두려워하여, 오직 그 생각 하나에 마음이 사로잡히게 되나, 거기서 연상의 가지가 돋치는 다른 생각 때문에, 기록할 때까지 기억해 두지 않으면 안 될 수효가 늘어 점점 복잡하게 된다든가, 또는 큰 길을 건너는 자동차를 피하다가, 혹은 친구를 만나 인사와 이야기하는 얼마 동안 깨끗이 그 생각을 잊어버리는 일이 있다. 생각났던 것을 생각하나, 그것이 무엇인지를 알아내지 못할 때의 괴로움, 안타까움은 거의 사람을 미치지 않을 만한 정도에까지 유도하곤 한다.

그러므로 목욕이나 이발하는 시간같이 명상의 시간을 주면서도 연필과 종이를 허락하지 않는 것처럼 '메모광'에게 있어서 부자유한 시간은 다시 없을 것이다.

꿈에서 현실로 넘어서는 동안, 고개 안팎에서 얻은 실로 좋고 아름다운 생각을, 나는 곧 머리맡에 놓인 종이에 의뢰할 수조차 있는 일이건만——바쁜 행보 중 혹은 약간 취중에 기록한 메모의 글자나 그 개념이 불충분할 때, 그것을 모색하는 고통도 여간한 것이 아니다. 마치 예의 있는 석상에서 상대편의 불쾌를 우려하여 기자풍의 괴벽을 발휘 못하는 고통과 비견할 만도 하다. 그래, 그 분명하지 못한 자신의 필적을 의시숙려해 보건만, 결국 신통한 해답을 얻지 못하는 경우가 또한 적지 아니하다. 연상의 두절로 인한 무의미한 자획이 한동안 내 머릿속을 산란하게 해 주었을 따름이요, 그렇다고 별반 큰 변동이 나 자신 위에 발생하는 것은 전연 아니다.

아침마다 나는 그 '메모'를 대략 살펴, 그 날의 행사를 발췌 초록해 들고 집을 나서건만, 물론 실행은 그 절반도 될 리가 없다. 기회 있는 대로 정리하고 하는 메모건만, 여기저기 기이한 잉크 흔적을 보여주는 몇 장의 메모 뭉텅이는 봉투 속에 집어넣고, 그것을 간수함이 고가의 지폐에 비길 바 아니니, 한 번도 분실한 일이 없으리라는 것쯤 가히 짐작할 수 있는 일이다.

메모뿐이 아니요, 평소에 별로 소유물을 잃어버려 본 일이 없는지라, 성냥 한 갑이라도 이유없이 어디다 놓고 오는 때는 불쾌한 마음이 한동안 계속하는 괴벽임에도 불구하고, 일대 사건——내게 있어서는 실로 중대한 사건이 발생한 일이 있다.

13, 4년 전의 일로 기억한다. 동경 학창에 있을 시절, 하루는 자취하는 친구들의 초대를 받아, 저녁을 먹고 밤 늦게 집에 돌아와, 책상 위에서 메모를 정리하려고 포켓을 뒤졌으나, 내 노력은 헛것이었다. 이날 밤, 자기 전에 일과는 상궤를 벗어나, 내 마음을 진정시킬 길이 없었다. 찾고 또 찾고 생각다 못해 성선으로 두 정거장이나 가서도 십 분 이상을 걸어야 하는 친구들의 집을 그길로 다시 되짚어 찾았던 것이다. 그들은 이미 자리를 펴고 누웠으나, 쓰레기는 밖으로 나가지 않았다. 변소를 가는 마루에서 내 귀중한 메모 봉투를 발견했을 때의 즐거움이란! 아직 어렸을 적이라, 환호작약하여 인사도 하는 둥 마는 둥, 자고 가라는 권유도 한 귀로 흘리고, 단걸음에 숙소로 돌아왔다. 그날 밤은 물론 평소에 드문 편안한 잠자리를 가지게 되었던 것을 기억한다.

나의 '메모광' 적인 습벽은 나의 좋지 못한 정리벽에 도움이 많았다. 서적이며, 서신이며, 사진이며, 신문, 서류 등의 정리벽은 놀라울 만큼 병적이다. 그래서 나는 가령 한 가지 원고를 끝내지 못하고서는, 다른 한 가지의 착수에 좀처럼 옮겨가지를 못한다. 독서에 있어서도 또한 다분히 그런 폐단이 있는 까닭에, 책상 위에 4, 5종 이상의 서적을 벌여 놓는 일이 별로 없이 책장 속에 안치되어 있으며, 책의 페이지를 펼쳐 놓은 채 외출하는 일이 전혀 없다.

여기 따르는 수집벽도 약간 있어, 내 원고를 발표한 신문, 잡지들의 스크랩은 물론 하나도 빠짐없고, 소용에 닿을 만한 다른 신문, 잡지도 상당히 가위와 송곳을 요한 후 벽장 속에 축적되는 것이다.

요컨대, 내 메모는 내 물심양면의 전진하는 발자취이며, 소멸해 가는 전생애의 설계도이다. 여기엔 기록되지 않는 어구의 종류가 없다 해도 과언이 아닐 만큼 광범위에 긍하는 것이니, 말하자면 내 메모는 나를 위주로 한 보잘것없는 인생 생활의 축도라고도 할 수 있는 것이다.

쇠퇴해 가는 기억력을 보좌하기 위하여, 드디어 나는 뇌수의 분실을 내지 않을 수 없었던 것이다.

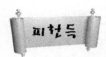

1910~ . 호는 금아. 서울에서 태어나 중국 상하이 공보국 중학을 거쳐, 호강대학교 영문과를 졸업했다. 경성중앙산업학원 교사로 근무했고, 이후 서울대학교 사범대학 교수로 재직했다. 생활에 얽힌 서정적이고 주관적·명상적인 것을 소재로 삼는 그의 수필은 섬세하고도 다감한 문체로써 서정의 세계를 수필화하였다.

술

'술도 못 먹으면서 무슨 재미로 사시오?' 하는 말을 가끔 듣는다. 그렇기도 하다.

> 술은 입으로 오고
> 사랑은 눈으로 오나니
> 그것이 우리가 늙어 죽기 전에
> 진리라 할 전부이다.
> 나는 입에다 잔을 들고
> 그대 바라보고 한숨짓노라

예이츠는 이런 노래를 불렀고 바이런은 인생의 으뜸가는 것을 만취라고 하였다. 예로부터 지금까지 이백을 위시하여 술을 사랑하고 예찬하지 않은 영웅호걸, 시인, 묵객이 어디 있으리오. 나는 술을 먹지 못하나 술을 좋아하지 않는 것은 아니다. 여름날 철철 넘는 삐루 잔을 바라다보면 한숨에 들이마시고 싶은 유혹을 느낀다. 차라리 종교적 절제라면 나는 그 죄를 쉽사리 범하였을 것이요, 한때 미국에 있던 거와 같은 금주법이 있다 하더라도 나는 벌금을 각오하고 사랑하는 술을 마셨을 것이다. 그러나 술을 못 먹는 것은 나의 선천적인 체질 때문이다.

나는 학생 시절에 어떤 카페에서 포도주를 사 본 일이 있다. 주문을 해 놓고는 마실 용기가 나지 않아서 들여다보고만 있었다. 술값을 치르고 나오려니까 여급이 쫓아나오면서, 왜 술을 안 마시고 그냥 가느냐고 물었다. 나는 할 말이 없어서 그 술빛을 보느라고 샀던 거라고 하였다. 그 여급은 아연한 듯이 나를 쳐다만 보았다. 그 후 그가 어떤 나의 친구에게 이상한 사람이 있더라고 내 이야기를 하더라는 말을 들었다.

술을 못 먹는 것은 참으로 안타까운 일이다. 우울할 때 슬픔을 남들과 같이 술잔에 잠겨 마시지도 못하고 친한 친구를 타향에서 만나도 술 한잔 나누지 못하고 헤어지게 된다.

'피 선생이 한잔할 줄 알면 얼마나 좋을까.'

이런 소리를 들을 때면 안타깝기 한이 없다.

내가 술을 먹을 줄 안다면 더 많은 친구를 사귈 수 있었을 것이요, 탁 터놓고 네냐 내냐 할 친구도 있을 것이다. 나는 친한 친구 사이에도 깍듯이 예의를 지키고 농을 하지 못한다. 이것은 내가 술을 못 먹는 탓이다. 집에서도 내가 늘 맑은 정신을 갖고 있으므로 집사람은 늘 긴장해서 힘이 든다고 한다. 술 먹는 사람 같으면 술김에 아내의 말을 듣기도 하지만 나에게 무엇을 사달래서 안 된다면 그뿐이다. 아내는 자기 딸은 술 못 먹는 사람에게는 절대로 시집 보내지 않는다고 한다. 아이들도 내가 다른 아버지들같이 술이 취해서 집에 돌아오기를 바란다. 술이 취해서 돌아오면 무엇을 사다 주기도 하고 돈도 마구 주고 어리광도 받아 준다는 것을 알기 때문이다.

본래 소극적인 성질이라도 술에 취하면 평시에 품었던 잠재의식을 발

산시키고, 아니 취했더라도 술잔 들면 취한 척하고 화풀이라도 할 텐데, 그리고 술기운을 빌려 그 때나마 내가 잘났다고 생각하며 호탕하게 떠들어 볼 텐데, '문 열어라.' 하고 내 집 대문을 박차 보지도 못한다. 가끔 주정 한바탕 하고 나면 주말 여행한 것같이 기분이 전환될 텐데 딱한 일이다.

술 못 먹는 탓으로 똑똑한 내가 사람 대접을 못 받는 때가 있다. 술좌석에서 맨 먼저 한두 번 나에게 술을 권하다가는 좌중에 취기가 돌면 나의 존재를 무시해 버리고 저희들끼리만 주거니 받거니 떠들어댄다. 요행 인정 있는 사람이나 끼여 있다면 나에게 사이다나 코카콜라를 한 병 갖다 주라고 한다. 시외 같은데 단체로 갈 때 준비하는 사람들은 술은 으레 많이 사도 다른 음료수는 전혀 준비하지 않는 수가 많다. 간 곳이 물이 없는 곳이면 목메인 것을 참고 밥을 자꾸 씹을 수밖에 없다.

술을 못 먹기 때문에 경제적으로 큰 손해다. 회비제로 하는 연회라면 그 많은 술에 대하여 억울한 부담을 하게 된다. 공술이면 못 먹고 신세만 진다. 물론 남 술 마시는 사이에 안주를 자꾸 집어 먹기도 한다. 그러나 나는 원래 식량도 적다. 칵테일파티에는 색색이 양주 이외에 레몬주스가 있어 좋다.

남이 권하는 술을 한사코 거절하며 술잔이 내게 돌아올까 봐 권하지도 않으므로 교제도 할 수 없고 아첨도 할 수 없다. 내가 술을 먹을 줄 안다면 무슨 사업을 해서 큰돈을 잡았을지도 모른다.

술 때문에 천대를 받는 내가 융숭한 환영을 받는 때가 있다. 그것은 먹을 술이 적거나 한 사람에 한 병씩 배급이 돌아갈 때다. 일정 말엽에 더욱 그러하였다. 우리 집 아이들도 내가 술 못 먹는 덕을 볼 때가 있다. 내가 술 못 먹는 줄 아는 제자들이 술 대신 과일이나 과자를 사다 주기 때문이다. 또 모르고 술을 사오는 손님이 있으면 그 술을 이웃 가게에 갖다 주고 초콜릿과 바꾸어 먹는 법이 있기 때문이다.

독신으로 지내는 내 친구 하나가 여성들에게 남달리 흥미를 갖는 거와 같이 나는 술에 대하여 유달리 호기심을 가지고 있다. 찹쌀 막걸리는 물론, 거품을 풍기는 삐루, 빨간 포도주, 환희 소리를 내며 터지는 샴페인, 정식만찬 때 식사 전에 마시는 술, 이런 술들의 종류와 감정법을 모조리 알고 있다. 술에 관한 책을 사서 공부를 하기 때문이다. 나는 술 자체뿐이 아니라 술 먹는 분위기를 즐긴다. 비 오는 저녁 때의 선술집, 삼양이나 대하 같은 고급 요릿집, 눈 오는 밤 뒷골목 오뎅집, 젊은 학생들이 정치, 철학, 예술, 인생 이런 것들에 대하여 만장의 기염을 토하는 카페, 이런 곳들을 좋아한다. 늙은이들이 새벽에 찾아가는 해장국집도 좋아한다.

지금 생각해도 아까운 것은 20여 년 전 명월관에서 한때 제일 유명했던 기생이 따라 주던 술을 졸렬하게 안 먹은 것이요, 한번 어떤 미국 친구가 자기 서재장 안에 비장하여 두었던 술병을 열쇠로 열고 꺼내어 권하는 것을 못 받아 먹은 것이다. 내가 이 세상에서 지금까지 먹을 수 있는 술을 안 먹은 것, 앞으로 먹을 수 있을 것을 못 먹고 떠나는 그 분량은 참으로 막대한 것일 것이다. 이 많은 술을 내 대신 다른 사람이 먹는 것인지 또는 그만큼 생산을 아니하게 되어 국가 경제에 큰 도움이 되는지 궁금할 때가 많다.

솔직히 고백하면 나는 술에 대하여 완전한 동정은 아니다. 내가 젊었을 때 어떤 여자가 나를 껴안고 내 입을 강제로 벌려 술을 퍼부운 일이 있다. 그 결과 내 가슴에 불이 나서 의사의 왕진을 청하여 오게끔 되었었다. 내가 술에 대하여 이야기를 쓰려면 주호 수주 선생의 〈명정 10년〉보다 더 길게 쓸 수도 있지만, 뉴맨 승정이 그의 '신사론'에 말씀하시기를 신사는 자기 자신에 대하여 너무 많이 이야기하지 않는 법이라고 하셨기 때문에 더 안 쓰기로 한다. 나는 술과 인생을 한껏 마셔 보지 못하고 그 빛이나 바라다보고 기껏 남이 취한 것을 구경하느라고 살아왔다. 나는 여자를 호사 한번 시켜 보지 못하였다. 길 가는 여자의 황홀한 화장과 찬란한 옷을 구경할 뿐이다. 애써 벌어서 잠시나마 나의 눈을 즐겁게 해 주는 그들의 남자들에게 감사한다. 나는 밤새껏 춤도 못 추어 보았다. 연애에 취해 보지도 못하고 40여 년을 기다리기만 하였다. 그리고 남의 이야기를 써놓은 책들을 읽느라고 나의 일생의 대부분을 허비하였다. 남이 써놓은 책을 남에게 해석하는 것이 나의 직업이다. 남의 셋방살이를 하면서 고대광실을 소개하는 복덕방 영감 모양으로 스물다섯에 죽은 키츠의 〈엔디미언〉 이야기를 하며 그 키츠의 죽음을 조상하는 셸리의 〈애도네이스〉 같은 시를 강의하며 술을 못 마시고 산다.

인 연

지난 4월 춘천에 가려고 하다가 못 가고 말았다. 나는 성심여자대학에 가 보고 싶었다. 그 학교에 어느 가을 학기, 매주 한 번씩 출강한 일이 있다. 힘드는 출강을 한 학기 하게 된 것은 주 수녀님과 김 수녀님이 내 집에 오신 것에 대한 예의도 있었지만 나에게는 사연이 있었다.

수십 년 전 내가 열일곱 되던 봄, 나는 처음 동경에 간 일이 있다. 어떤 분의 소개로 사회 교육가 미우라 선생 댁에 유숙을 하게 되었다. 시바쿠 시로가네에 있는 그 집에는 주인 내외와 어린 딸 세 식구가 살고 있었다. 하녀도 서생도 없었다. 눈이 예쁘고 웃는 얼굴을 하는 아사코는 처음부터 나를 오빠같이 따랐다. 아침에 낳았다고 아사코라는 이름을 지어 주었다고 하였다. 그 집 뜰에는 큰 나무들이 있었고 1년초 꽃도 많았다. 내가 간 이튿날 아침, 아사코는 '스위피트'를 따다가 화병에 담아 내가 쓰게 된 책상 위에 놓아 주었다. '스위피트'는 아사코같이 어리고 귀여운 꽃이라고 생각하였다.

성심여학원 소학교 1학년인 아사코는 어느 토요일 오후 나와 같이 저희 학교까지 산보를 갔었다. 유치원부터 학부까지 있는 카톨릭 교육기관으로 유명한 이 여학원은 시내에 있으면서 큰 목장까지 가지고 있었다. 아사코는 자기 신발장을 열고 교실에서 신는 하얀 운동화를 보여 주었다.

내가 동경을 떠나던 날 아침, 아사코는 내 목을 안고 내 뺨에 입을 맞추고, 제가 쓰던 작은 손수건과 제가 끼던 작은 반지를 이별의 선물로 주었다. 옆에서 보고 있던 선생 부인은 웃으면서 "한 10년 지나면 좋은 상대가 될 거예요." 하였다. 나는 얼굴이 더워지는 것을 느꼈다. 나는 아사코에게 안데르센의 동화책을 주었다.

그 후 10년이 지나고 3, 4년이 더 지났다. 그 동안 나는 초등학교 1학년 같은 예쁜 여자아이를 보면 아사코 생각을 하였다. 내가 두 번째 동경에 갔던 것도 4월이었다. 동경역 가까운 데 여관을 정하고 즉시 미우라 댁을 찾아갔다. 아사코는 어느덧 청순하고 세련되어 보이는 영양이 되어 있었다. 그 집 마당에 피어 있는 목련꽃과도 같이. 그 때는 그는 성심여학원 영문과 3학년이었다. 나는 좀 서먹서먹했으나, 아사코는 나와의 재회를 기뻐하는 것 같았다. 아버지, 어머니가 가끔 내 말을 해서 나의 존재를 기억하고 있었나 보다.

그 날도 토요일이었다. 저녁 먹기 전에 같이 산보를 나갔다. 그리고 계획하지 않은 발걸음은 성심여학원 쪽으로 옮겨져 갔다. 캠퍼스를 두루 거닐다가 돌아올 무렵, 나는 아사코 신발장은 어디 있느냐고 물어보았다. 그는 무슨 말인가 하고 나를 쳐다보다가, 교실에는 구두를 벗지 않고 그냥 들어간다고 하였다. 그리고는 갑자기 뛰어가서 그 날 잊어버리고 교실에 두고 온 우산을 가지고 왔다. 지금도 나는 여자 우산을 볼 때면 연두색의 고왔던 그 우산을 연상한다. '셰르부르의 우산'이라는 영화를 내가 그렇게 좋아한 것도 아사코의 우산 때문인가 한다. 아사코와 나는 밤늦게까지 문학 이야기를 하다가 가벼운 악수를 하고 헤어졌다. 새로 출판된 버지니아 울프의 소설 〈세월〉에 대해서도 이야기한 것 같다.

그 후 또 10여 년이 지났다. 그 동안 제2차 세계 대전이 있었고 우리나라가 해방이 되고 또 한국 전쟁이 있었다. 나는 어쩌다 아사코 생각을 하곤 했다. 결혼은 하였을 것이요, 전쟁 통에 어찌 되지나 않았나,

남편이 전사하지나 않았나 하고 별별 생각을 다 하였다. 1954년 처음 미국 가던 길에 나는 동경에 들러 미우라 댁을 찾아갔다. 뜻밖에 그 동네가 고스란히 그대로 남아 있었다. 그리고 미우라 선생네는 아직도 그 집에 살고 있었다. 선생 내외분은 흥분된 얼굴로 나를 맞이하였다. 그리고 한국이 독립이 돼서 무엇보다도 잘됐다고 치하를 하였다. 아사코는 전쟁이 끝난 후 맥아더 사령부에서 번역 일을 하고 있다가, 거기서 만난 일본인 2세와 결혼을 하고 따로 나가서 산다는 것이었다. 아사코가 전쟁 미망인이 되지 않은 것은 다행이었다. 그러나 2세와 결혼하였다는 것이 마음에 걸렸다. 만나고 싶다고 그랬더니 어머니가 아사코의 집으로 안내해 주었다.

뾰죽 지붕에 뾰죽 창문들이 있는 작은 집이었다. 20여 년 전 내가 아사코에게 준 동화책 겉장에 있는 집도 이런 집이었다. '아, 이쁜 집! 우리 이담에 이런 집에서 같이 살아요.' 아사코의 어린 목소리가 지금도 들린다.

10년쯤 미리 전쟁이 나고 그만큼 일찍 한국이 독립되었더라면 아사코의 말대로 우리는 같은 집에서 살 수 있게 되었을지도 모른다. 뾰죽 지붕에 뾰죽 창문들이 있는 집이 아니라도, 이런 부질없는 생각이 스치고 지나갔다.

그 집에 들어서자 마주친 것은 백합같이 시들어 가는 아사코의 얼굴이었다. 〈세월〉이란 소설 이야기를 한 지 10년이 지났었다. 그러나 그는 아직 싱싱하여야 할 젊은 나이다. 남편은 내가 상상한 것과 같이 일본 사람도 아니고 미국 사람도 아닌, 그리고 진주군 장교라는 것을 뽐내는 것 같은 사나이였다. 아사코와 나는 절을 몇 번씩 하고 악수도 없이 헤어졌다.

그리워하는데도 한 번 만나고는 못 만나게 되기도 하고, 일생을 못

잊으면서도 아니 만나고 살기도 한다. 아사코와 나는 세 번 만났다. 세 번째는 아니 만났어야 좋았을 것이다.

오는 주말에는 춘천에 갔다 오려 한다. 소양강 가을 경치가 아름다울 것이다.

은전 한 닢

내가 상하이에서 본 일이다.

늙은 거지 하나가 전장에 가서 떨리는 손으로 1원짜리 은전 한 닢을 내놓으면서,

"황송하지만 이 돈이 못쓰는 것이나 아닌지 좀 보아 주십시오."

하고 그는 마치 선고를 기다리는 죄인과 같이 전장 사람의 입을 쳐다본다. 전장 주인은 거지를 물끄러미 내려다보다가 돈을 두들겨 보고 "하──오"(좋소) 하고 내어준다. 그는 "하──오"라는 말에 기쁜 얼굴로 돈을 받아서 가슴 깊이 집어넣고 절을 몇 번이나 하며 간다. 그는 뒤를 자꾸 돌아다보며, 얼마를 가더니 또 다른 전장을 찾아 들어갔다. 품속에 손을 넣고 한참을 꾸물거리다가 그 은전을 내어놓으며,

"이것이 정말 은으로 만든 돈이오니까?"

하고 묻는다.

전장 주인도 호기심 있는 눈으로 바라다보더니,

"이 돈을 어디서 훔쳤어?"

했다. 거지는 떨리는 목소리로 말했다.

"아닙니다. 아니에요."

"그러면 길바닥에서 주웠다는 말이냐?"

"누가 그렇게 큰돈을 빠뜨립니까? 떨어지면 소리는 안 나나요? 어서 도로 주십시오."

거지가 손을 내밀었다. 전장 사람은 웃으면서 "하오" 하고 던져 주었다.

그는 얼른 집어서 가슴에 품고 황망히 달아난다. 뒤를 흘끔흘끔 돌아다보며 얼마를 허덕이며 달아나더니 별안간 우뚝 선다. 서서 그 은전이 빠지지나 않았나 만져 보는 것이다. 거친 손가락이 누더기 위로 그 돈을 쥘 때 그는 다시 웃는다. 그리고 또 얼마를 걸어가다가 어떤 골목 으슥한 곳으로 찾아 들어가더니, 벽돌담 밑에 쭈그리고 앉아서 돈을 손바닥에 놓고 들여다보고 있었다. 그가 어떻게 열중해 있었는지 내가 가까이 간 줄도 모르는 모양이었다.

"누가 그렇게 많이 도와 줍디까?"

하고 나는 물었다. 그는 내 말소리에 움찔하면서 손을 가슴에 숨겼다. 그리고는 떨리는 다리로 일어서서 달아나려고 했다.

"염려 마십시오. 뺏아가지 않소."

하고 나는 그를 안심시키려고 하였다. 한참 머뭇거리다가 그는 나를 쳐다보고 이야기를 하였다.

"이것은 훔친 것이 아닙니다. 길에서 얻은 것도 아닙니다. 누가 저 같은 놈에게 1원짜릴 줍니까? 각전 한 닢을 받아 본 적이 없습니다. 동전 한 닢 주시는 분도 백에 한 분이 쉽지 않습니다. 나는 한 푼 한 푼 얻은 돈으로 몇 닢씩을 모았습니다. 이렇게 모은 돈 마흔여덟 닢을 각전닢과 바꾸었습니다. 이러기를 여섯 번을 하여 겨우 이 귀한 대양 한 푼을 갖게 되었습니다. 이 돈을 얻느라고 여섯 달이 더 걸렸습니다."

그의 뺨에는 눈물이 흘렀다. 나는,

"왜 그렇게까지 애를 써서 그 돈을 만들었단 말이오? 그 돈으로 무엇을 하려오?"

하고 물었다. 그는 다시 머뭇거리다가 대답했다.

"이 돈 한 개가 갖고 싶었습니다."

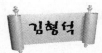

1920~ . 평남 대동에서 태어났다. 많은 철학적 수필을 발표하여 독자에게 큰 감명을 주었다. 수필집 《고독이라는 병》을 비롯해 《영원과 사랑의 대화》, 《오늘을 사는 지혜》, 《현대인과 그 과제》 등 다수의 수필집이 있다.

수학이 모르는 지혜

재미있는 우화가 있다.

옛날 아라비아의 어떤 상인이 임종을 맞게 되었다.

그는 자기 앞에 세 아들을 불러 앉혔다. 그리고는,

"내가 너희들에게 남겨 줄 유산이라고는 말 열일곱 필이 있을 뿐이다. 그러나 이 고장의 습관에 따라 꼭 같이 나누어 줄 수는 없으니까 맏아들 너는 열일곱 마리의 반을, 둘째 아들 너는 전체의 3분의 1을, 그리고 막내아들 너는 전체의 9분의 1을 갖도록 해라."

하고 유언을 했다.

얼마 후 아버지는 세상을 떠났다.

재산을 나누어 가져야 할 삼형제 간에는 오랜 싸움이 계속되었으나 해결을 얻을 길이 없었다. 맏아들은 열일곱의 반으로 아홉 마리를 주장했다. 그러나 동생들은 아홉 마리는 2분의 1이 넘으니까 줄 수 없다는 것이었다. 여덟 마리 반이 되지만 반 마리는 처리할 수가 없기 때문이다. 둘째 아들은 여섯 마리를 가져야 한다고 고집을 부렸다. 그러나 형과 동생은 다섯 마리밖에는 줄 수가 없다는 것이었다.

막내아들은 두 마리를 가져야겠다고 욕심을 부렸다. 그러나 형들은 두 마리는 열일곱의 9분의 1이 넘으므로 우리들만이 손해를 볼 수 없다는 고집이었다.

싸움은 여러 날 계속되었지만 누구도 만족스러운 해결을 내릴 수가 없었다.

어떤 날 이들의 집 앞을 지나가던 한 목사가 있었다. 세 아들은 그 목사에게 아버지의 유산 문제를 해결지어 주도록 청을 드렸다. 누구도 만족할 만한 결론을 얻을 수 없었던 때문이다.

모든 이야기를 듣고 난 목사는,

"그러면 이렇게 합시다. 내가 타고 온 말 한 마리를 내가 당신들에게 드리지요. 그러면 열여덟 마리가 될 것입니다. 맏형은 그 2분의 1인 아홉 마리를 가지시오. 둘째는 그 3분의 1에 해당하는 여섯 마리를 가지시오. 그리고 당신 동생은 9분의 1에 해당하는 두 마리를 차지하십시오. 그렇게 되면 당신네 세 사람은 모두가 아버지의 약속된 유산보다는 많은 것을 가지게 될 것입니다."

라고 말했다.

세 아들은 모두 만족해했다. 목사가 얘기해 준 대로 자기들에게 돌아올 말들을 찾아서 가졌다.

일을 끝낸 목사는 '그러면 나는 다시 길을 떠나야 하겠습니다.'는 인사를 하고 도보로 대문 앞을 나섰다. 바로 그 때였다. 한 아들이 뒤따라 나오면서,

"목사님, 말을 타고 오셨다가 어떻게 이 사막 길을 걸어가실 수 있습니까? 외양간에 가 보니까 아직도 한 마리가 남아 있습니다. 우리들이 차지할 것은 다 차지했는데도 한 마리가 남아 있으니 이 말을 타고 가십시오."

라고 말했다.

목사는,

"그렇습니까? 나에게 한 마리를 다시 주신다면 타고 가겠습니다."
라고 말하면서 말을 탔다. 타고 보니 그것은 조금 전 타고 왔던 바로 그 말이었다. 아들들은 목사에게 감사를 드렸다. 그리고 목사는 아까와 같이 자기 말을 타고 갔다. 생각해 보면 세 아들은 어리석기 그지없는 젊은이들이었다. 목사가 나타나지 않았더라면 언제까지라도 싸우다가 무슨 결과를 가져왔을지 모른다. 그러나 어리석은 사람은 그 세 아들만이 아니다. 오늘의 우리들 모두가 꼭 같은 생활을 해 가고 있지 않은가.

나라를 사랑한다고 정치가들이 정당 싸움과 감투 싸움을 하는 꼴도 비슷하고, 경제 사회에서 이권을 다투는 사람들의 심정들도 거의 마찬가지이다. 삼 형제의 싸움 때문에 선조들의 뜻을 버리고 집안이 망해 가듯이, 오늘 우리들은 선조들의 정신적 유산을 짓밟고 불행을 찾아 달리고 있다.

왜 그런가. 한 가지 마음의 결핍 때문이다. 남의 것을 빼앗기보다 이웃에게 주려고 하는 사랑의 결핍이다. 우리는 확실히 알아야 한다. 빼앗으려고 하는 사람들은 둘 다 잃어버리지만 주려고 하는 사람은 모두가 잘 살게 된다는 원칙을…….

여기 두 사람의 장사꾼이 있다 하자. 갑은 '어떻게 하면 싸고 질긴 물건을 만들어 소비자들에게 도움을 줄 수 있을까?' 하는 생각으로 물건을 생산하며 판다고 하자. 이에 반하여 을은 '좀 나쁜 물건이지만 속여서 이득을 얻을 수 없을까?' 하는 생각으로 기업을 운영한다면 5년, 10년 후에는 어떤 결과의 차이가 나타날까. 갑과 같은 실업인이 많은 사회와, 을과 같은 실업인이 많은 사회는 장차 어떤 결과를 가져오게 될까.

과거에 우리는 지나치게 많은 것을 빼앗아 가지려고 애써 왔다. 이웃

들로부터 가장 많은 것을 찾아 누리는 사람이 그만큼 잘 살 수 있다고 생각해 왔다. 그러나 좋은 사회는 어떻게 하면 많은 것을 이웃들과 더불어 소유하며 한 가지로 즐길 수 있을까를 모색해 왔다. 오늘 우리는 그만큼 못 살고 있으며, 그들은 그만큼 잘 살고 있다. 우리는 수학으로는 풀리지 않는 이러한 진리를 실천해야 한다.

목사가 한 마리의 말을 싸우는 아들들에게 주었듯이 우리들도 무엇인가를 줄 줄 아는 모범을 보여 주어야 하겠다. 자신에게도 손해가 없으며 이웃에게도 착한 무엇을 남겨 줄 수 있는 삶의 자세와 바탕을 만들어 주어야 하겠다. 문제는 누가 먼저 그 뜻을 보여 주는가에 달려 있다.

민태원

1894~1935년. 호는 우보. 충남 서산에서 태어났으며, 일본 와세다 대학을 졸업했다. 주요 작품으로는 《레 미제라블》을 번안하여 《매일신보》에 연재한 《애사》를 비롯해 《부평초》, 《갑신정변과 김옥균》, 《소녀》 등이 있다.

청춘 예찬

청춘! 이는 듣기만 하여도 가슴이 설레는 말이다. 청춘! 너의 두 손을 가슴에 대고, 물방아 같은 심장의 고동을 들어 보라. 청춘의 피는 끓는다. 끓는 피에 뛰노는 심장은 거선의 기관같이 힘 있다. 이것이다. 인류의 역사를 꾸며 내려온 동력은 바로 이것이다. 이성은 투명하되 얼음과 같으며, 지혜는 날카로우나 갑 속에 든 칼이다. 청춘의 끓는 피가 아니더면, 인간이 얼마나 쓸쓸하랴? 얼음에 싸인 만물은 죽음이 있을 뿐이다.

그들에게 생명을 불어 넣는 것은 따뜻한 봄바람이다. 풀밭에서 속잎 나고, 가지에 싹이 트고, 꽃 피고 새 우는 봄날의 천지는 얼마나 기쁘며, 얼마나 아름다우냐? 이것을 얼음 속에서 불러 내는 것이 따뜻한 봄바람이다. 인생에 따뜻한 봄바람을 불어 보내는 것이 청춘의 끓는 피다. 청춘의 피가 뜨거운지라, 인간의 동산에는 사랑의 풀이 돋고, 이상의 꽃이 피고, 희망의 놀이 뜨고, 열락의 새가 운다.

사랑의 풀이 없으면 인간은 사막이다. 오아시스도 없는 사막이다. 보이는 끝끝까지 찾아다녀도, 목숨이 있는 때까지 방황하여도, 보이는 것은 거친 모래뿐일 것이다. 이상의 꽃이 없으면, 쓸쓸한 인간에 남는 것은 영락과 부패뿐이다. 낙원을 장식하는 천자만홍이 어디 있으며, 인생을 풍부하게 하는 온갖 과실이 어디 있으랴?

이상! 우리의 청춘이 가장 많이 품고 있는 이상! 이것이야말로 무한한 가치를 가진 것이다. 사람은 크고 작고 간에 이상이 있음으로써 용감하고 굳세게 살 수 있는 것이다.

석가는 무엇을 위하여 설산에서 고행을 하였으며, 예수는 무엇을 위하여 황야에서 방황하였으며, 공자는 무엇을 위하여 천하를 철환하였는가? 밥을 위하여서, 옷을 위하여서, 미인을 구하기 위하여서 그리하였는가? 아니다. 그들은 커다란 이상, 곧 만천하의 대중을 품에 안고, 그들에게 밝은 길을 찾아 주며, 그들을 행복스럽고 평화스러운 곳으로 인도하겠다는, 커다란 이상을 품었기 때문이다. 그러므로 그들은 길지 아니한 목숨을 사는가싶이 살았으며, 그들의 그림자는 천고에 사라지지 않는 것이다. 이것은 가장 현저하여 일월과 같은 예가 되려니와, 그와 같지 못하다 할지라도 창공에 반짝이는 뭇별과 같이, 산야에 피어나는 군영과 같이, 이상은 실로 인간의 부패를 방지하는 소금이라 할지니, 인생에 가치를 주는 원질이 되는 것이다.

이상! 빛나는 귀중한 이상, 그것은 청춘의 누리는 바 특권이다. 그들은 순진한지라 감동하기 쉽고, 그들은 점염이 적은지라 죄악에 병들지 아니하였고, 그들은 앞이 긴지라 착목하는 곳이 원대하고, 그들은 피가 더운지라 실현에 대한 자신과 용기가 있다. 그러므로 그들은 이상의 보배를 능히 품으며, 그들의 이상은 아름답고 소담스러운 열매를 맺어, 우리 인생을 풍부하게 하는 것이다.

보라, 청춘을! 그들의 몸이 얼마나 튼튼하며, 그들이 피부가 얼마나 생생하며, 그들의 눈에 무엇이 타오르고 있는가? 우리 눈이 그것을 보는 때에, 우리의 귀는 생의 찬미를 듣는다. 그것은 웅대한 관현악이며,

미묘한 교향악이다. 뼈끝에 스며들어가는 열락의 소리다.

　이것은 피어나기 전인 유소년에게서 구하지 못할 바이며, 시들어 가는 노년에게서 구하지 못할 바이며, 오직 우리 청춘에서만 구할 수 있는 것이다.

　청춘은 인생의 황금 시대다. 우리는 이 황금 시대의 가치를 충분히 발휘하기 위하여, 이 황금 시대를 영원히 붙잡아 두기 위하여, 힘차게 노래하며 힘차게 약동하자!

함석헌

1901~1989년. 평안북도 용천 출생. 1958년 〈생각하는 백성이라야 산다〉라는 글로 자유당 독재정권을 비판하여 투옥되었고, 5 · 16군사정변 직후부터 집권 군부세력에 정면으로 도전하여 날카로운 비판을 가하였다. 저서에 《뜻으로 본 한국역사》, 《수평선 너머》 등이 있다.

썩어지는 큰 나무

1

초부목동의 발자취는 이르지도 못하는 깊은 산골에 큰 나무 한 그루가 자라고 있었다.

뿌리는 만세반석의 가슴을 뚫고 들어가 꽉 박혀 땅 속의 깊은 정기 빨아올리고, 키는 3백 척이 넘어 검푸른 얼굴을 구름 위에 내밀고 하늘의 영원한 바람을 받아 마셨다. 굵은 가지는 사방으로 퍼져 푸른 차일 구름같이 벌리고, 우뚝하고 버텨서는 몸집은 틀지고도 억세어 마흔 사내가 둘러서도 헤아릴 수 없었다.

나이 몇 살인지 일러줄 사람도 없고, 온몸에는 춘풍추우에 찢기고 상한 자취도 산 역사의 기록이 가득하였는데, 퍼렇게 이끼조차 성하여 한층 더 거룩한 빛을 더하고 있었다.

2

아무도 아는 이 없는 그 깊은 산골에, 낮이면 구름을 바라고 밤이면 별을 바라면서 그는 말없이 자라났다.

발 밑에는 토끼가 와서 춤을 추어도 좋고, 호랑이, 승냥이가 와서 싸움을 해도 좋고, 독사가 와서 서리거나 좀스러운 들쥐가 와서 장난을 하거나 관계가 없었다.

가지 위에는 어떤 때는 올빼미가 와서 졸기도 하고, 부엉이의 부처가 앉아 흉계를 꾸미고 있는 그 가지 꼭대기에는 또 검은 독수리가 둥지를 틀고 새끼를 치기도 하였다.

모든 것을 다 좋다는 듯이, 그는 커다란 가슴을 벌리고 좋고 언짢고 를 가리지 않고 서 있었다.

3

봄이 와서 새싹이 파랗게 돋는 때면, 검푸른 그 얼굴에도 온자의 빛이 넘쳐 자라나는 어린 나무들을 굽어보고 있는 모양이 뭇 아들을 쓰다듬고 노는 늙은 아버지인 듯하고.

여름이 와서 늙은 가지에 녹음이 퍼지는 때면, 왕성한 원기에 창창한 나무바다에 우뚝 서는 그 모양이 마치 백전노장이 전진에 앞서서 삼군을 호령하는 듯도 하였다.

가을이 오면, 잎이 다 내려 가지 사이로 푸른 하늘이 거침없이 뵈는데, 늘어진 송낙은 수염 같아 백발의 예언자가 장차 올 환난을 외치고 섰는 듯도 하고.

겨울이면 만목소조 한 가지 가운데 풍운을 무릅쓰고 섰는 모양이, 어지러운 세상풍파 다 겪고 난 성자가 거룩하게 파리한 손을 들어 믿음을 가르치고 섰는 듯도 하였다.

4

그렇듯 그는 서 있어, 눈이 어지럽게 돌아가는 세상을 풍변에 그 소식을 들을망정 눈으로 가 보려는 생각은 하지도 않는 그 머리 위에 뜨는 해, 지는 달을 맞고 보내면서 천명을 기다리는 철인같이 한 해 또 한 해를 보내고 있었다.

불평도 없고 불만도 없고 급하지도 않고, 남이 본다면 한없이 강한 듯하면서, 자기로선 아무 자랑도 없으면서 무엇을 인해 사는 것도 없고, 그저 사는 대로 살고, 자라는 대로 자라 하늘을 우러르고 서 있었다.

그러나 그의 위에 한때가 왔다.

5

푸른 물결 높은 녹음의 바다 위에 여름도 다 지나가고 가을이 장차 깊어 가려는 하룻밤, 온종일의 격전을 이기고 돌아가는 개선장군같이 넘어가는 햇빛에 그가 온몸에 영광을 입고 서는 저녁, 어둠의 장막이 채 내리기 전, 일진광풍이 그 골짜기를 엄습하였다.

평화의 마을에는 갑자기 수심의 빛이 돌고, 노장부의 얼굴에는 새로이 긴장의 기색이 나타났다.

바람은 구름을 부르고 구름은 비를 몰고, 지평선에서 희미하게 번쩍이던 번개는 어느덧 동구에 들어서 비는 총알처럼 퍼붓고, 바위 사이에 고함치는 시냇물 소리는 은은히 들리는 우렛소리에 응하여 온 골 안은 그대로 포화를 서로 사귀는 전장인 듯이 하였다.

6

캄캄한 어둠 가운데서 폭격을 받는 어린 나무 젊은 가지는 정신을 못 차리어 누웠다 일고, 머루넉지·다래넝쿨 엉클어져 있는 것들은 몸을 지탱하지 못하고 미쳐 돌아가는데, 노장부는 여전히 버티고 서 있어서 무엇을 미리 느껴 안 듯하였다.

악전고투하여 온 생애에, 믿어 오고 견디어 오고 순종해 온 그의 생애에 어떤 운명의 시간이 옴을 느껴 얻은 듯하였다.

입을 다물고 그는 장차 오는 운명을 기다리는 듯하였다.

7

밤이 갈수록 놀은 더 일고, 함락하려는 외로운 성을 향하여 총돌격을 하는 군대처럼 폭풍우는 노목이 서 있는 골짜기 복판을 향하여 비바람을 묶어 박았다.

바람은 더욱 사납고, 뇌성벽력은 더욱 노하고, 인간에게라면 닭이 거의 울게 되는 때에 마지막 순간은 점점 가까워 무슨 일이 나고야 말 듯한 절박감이 골 안을 꽉 눌렀다.

노장부는 전신을 떨고 부르짖음을 발하였다.

무서워서가 아니라, 드디어 임하는 큰 사명의 계시를 받으려는 순간의 긴장에서 나오는 진동이요, 부르짖음이었다.

그 소리라야 무서움도 아니요, 노함도 아니요, 분도 아니요, 원망도 아니다. 슬픈 노래라 할 수도 없고, 기쁜 외침이라 할 수도 없고 고민의 소린 듯하면서도 아니요, 싸움의 함성 같으면서도 아니다.

형용할 수 없는, 그대로 가만히 있어 듣고 있을 수 없는 소리가 바위 속에서 우러나오는 듯, 지심에서 솟아나오는 듯 터져 나오고 밀려 나오는 그 소리였다.

우우, 으으, 와아, 으흐흐흐, 우허어, 어허어.

호소하는 듯, 탄원하는 듯, 절규하는 듯, 전신의 세포가 떠는 소리였다.

8

3백 척의 커다란 몸뚱이가 부르르 떨고 보면 온 땅덩이가 따라서 떨고, 지구의 속창자까지 따라나올 듯이 부르짖다가는, 너무도 급한 듯이 가다가는 잠깐잠깐 끊이고 끊이고 하였다.

문득 앞을 캄캄하게 하는 불덩이가 나무 꼭대기에 번쩍했는가 하자 딱 하는 소리가 귀청을 막았다. 우적우적하는 몇 마디 소리의 뒤를 이어 쾅 하는 소리와 함께 온 골이 지진하듯이 뒤흔들렸다. 무서운 울림은 바람 소리.

빗소리를 억누르고, 골짜기 어둠 속으로 달아 내려갔다.

다음 순간에 나타난 것은 무엇인가? 저 건너편 하늘가에 번쩍이는 번갯불에 비치어, 이때껏 하늘을 뚫을 듯이 서 있던 그 큰 몸집이 밑동에서 꺾어져 전사영웅의 시체같이 골짜기 바닥에 가로 엎어진 것이 보였다.

9

뇌우일까!

폭풍우는 제 할 일을 다했다는 듯이 슬쩍 지나가고, 머지않아 동이 트려는 초가을 하늘에는 억천 년의 빛을 변함없이 발하는 별들이 반짝반짝 내려다보고 있었다.

이윽고 아침해가 올라와 밤 동안에 골짜기에는 아무 일도 없었다는 듯이 천연히 빛나는 얼굴로 골 안을 들여다볼 때, 온 골 안의 초목은 죽은 아버지의 영구 앞에 엎드리는 자녀들 모양으로 휘주근하여 고개를 숙이고, 가지 끝에서 떨어지는 이슬만이 맑은 눈물같이 한 방울 두 방울 또 서너 방울.

아, 영웅은 넘어졌는가, 위대한 혼은 사라졌는가, 거룩한 빛은 꺼졌는가?

소쩍새는 그날 밤부터 슬픈 노래를 끊이지 않았다.

10

이 골짜기에 된 일을 알 사람이 없었다. 그가 있었던 줄을 알지 못하는 세상이 그의 간 것을 알 리가 없었다.

그 후부터 그 나무는 누워 썩기 시작하였다. 해가 갈수록 썩었다.

첨에는 껍질이, 담에는 겉살이, 그 담은 속살이, 나중에는 심까지 썩었다.

다람쥐는 맘대로 그 위에 기어 오르내리고, 좀이 맘대로 파먹고, 옛날에 하늘에 비하는 영웅인 듯하던 그는 말없이 드러누워 썩고 있었다.

아깝게 여길 사람도 없이, 하늘만이 보이는 깊은 골짜기 바닥에 누워 아무도 모르게 그저 썩고 있었다.

11

썩어지는 큰 몸통 옆에 이름 모를 풀꽃이 몇 번을 피었다 지고, 찬 눈이 그 위에 몇 번을 쌓였다 녹은 후, 하룻날 공명심의 물결이 어지러이 뛰노는 이 세상 거친 바다에서 길을 잃어버리고 헤매는 외로운 유자 하나가 그 골짜기에 찾아들었더라. 그 때는 벌써 하늘을 덮던 그 가지들은 다 삭아 형적조차 없고 커다란 몸통만이 골짜기에 쌓인 낙엽을 자리 삼고 가로누워 반만큼 묻혀 있을 때였다.

자와 저울의 잘고 잔 눈그림자에 못이 박힌 그의 눈은 이 자는 성자의 몸을 헤아려보다가 그 크고 밋밋함에 놀라 입을 벌렸다.

아, 이 아까운 천하의 양재를!

아직도 쓸 만하냐 하는 듯이 그는 짚었던 지팡이를 들어 말없이 누운 그 몸을 찔렀다. 지팡이는 아무 저항도 받음 없이 쑥쑥 들어갔다.

속까지 썩었구나.

겸손한 자,

맘이 가난한 자,

너는 완전히 죽었구나, 아낌없이 죽었구나.

빈 산에 썩는 거목!

피곤한 지체를 내던지듯이, 그 겸손한 가슴 위에 올려놓고 유자의 생각은 끝이 없었다. 해는 점점 저물어가는데.

이는 무엇 하러 세상에 났으며, 무슨 의미로 비바람을 겪으며 자랐을까? 그리하여 또 비바람 밑에 썩을까?

이 좋은 재목은 왜 세상에 알려짐 없이 그저 자랐다가 속절없이 썩을까? 왜 운명은 그를 왕궁의 대들보로 아니 뽑고, 성전의 기둥으로 아니 골랐을까? 모르게 났다 모르게 썩는 생애, 이는 무의미한 실패의 인생이 아닌가, 이것은 자연의 낭비가 아닌가? 하늘의 잊어버림이 아닐까?

12

그렇듯 중얼거리며 드는 눈앞에, 단풍에 물든 잎새 하나 가벼이 떨어져 날 보라는 듯이 내려앉은 곳을 보면, 온 골 바닥은 떨어진 잎, 삭아진 줄기가, 걷어 가는 나무꾼 하나 없어 떨어진 채 쌓이고 또 쌓이고, 썩고 또 썩어 발목이 푹푹 빠져든다.

얼마나 많은 나무가 이전에 나서 자라서 썩었으며, 썩고 또 났던가? 또 얼마나 많은 나무가 이제도 나서는 썩을 것인가?

생명의 동산은 썩음의 동산인가?

역사의 들판은 어알의 사체로 깔린 들인가?

쌓이고 쌓여 썩어서 흙으로 돌아가는 그 밑으로는, 뿌리와 머리를 한데로 연하는 흐름이 예언자의 어머니의 기도 모양으로, 소리도 잘 들을 수 없이 천만고의 비밀을 전하는 듯 수군거리며 흘러가니,

아, 생명의 신비여!

썩음의 거룩함이여!

13

천래의 계시를 가져오는 듯, 봉우리로부터 획 하고 불어 내려오는 일진청풍을 따라 어린 가지는 팔을 들어 가지를 보라 가리킨다. 그 가리

키는 손을 따라 저 산 발 아래를 내려다보면 퍼지는 수풀의 바다에 생명의 물결은 일고 꺼지어 은근한 곡조를 아뢰고 있고, 자리하고 앉은 그 썩어지는 나무통 밑으로 흐르기 시작한 시내는 무수한 곡절을 지으며 그 수풀 사이를 흘러, 저 지평선 끝에 닿기까지 가는 곳마다 푸른 가지를 기르고 있다.

그것은 죽음의 흐름인가? 생명의 흐름인가? 역사의 큰 길인가?

14

썩자!

동량의 재목으로 뽑혀 왕궁의 성전의 보짱이 되고 기둥이 되기보다는 썩자.

거기서 간사하고 더러운 무리들의 눈꼴 틀리는 꼴을 보고 속을 썩이기보다는, 이 시원한 생명의 전당에서 한가이 누워 썩는 것이 좋다.

거기서, 겉에는 아름다운 단청을 칠하여도 속으로는 좀이 먹고 좀스러운 쥐무리의 밤낮으로 갉아내는데 속 아픈 일을 당하다가 하룻밤 어리석은 아이들의 싸움 끝에 이는 불길에 타 연기로 사라지기보다는, 이 골짜기에서 썩어져 저 어린 것들을 살찌우자!

거름으로 되자!

풀어지자!

생명의 바다로 돌아가자!

썩자, 동량의 재목아!

썩자, 위대한 혼아!

썩자, 가만히 누워 썩자. 풀 속에서 땅 밑에서 겸손하게 용감하게 썩자!

썩어 사라지자, 남모르게 사라지자!

이희승

1896~1989년. 호는 일석. 경기도 개풍에서 출생하였다. 1930년 경성제국대학 조선어학과를 졸업, 1932년 이화여자전문학교 교수가 되고, 같은 해 조선어학회 간사 및 한글학회 이사에 취임하였다. 저서로 《국어대사전》, 시집으로 《박꽃》, 《심장의 파편》, 수필집에 《벙어리 냉가슴》, 《소경의 잠꼬대》 등이 있다.

딸깍발이

'딸깍발이'란 것은 '남산골 샌님'의 별명이다. 왜 그런 별호가 생겼느냐 하면, 남산골 샌님은 지나 마르나 나막신을 신고 다녔으며, 마른 날은 나막신 굽이 굳은 땅에 부딪쳐서 딸깍딸깍 소리가 유난하였기 때문이다. 요새 청년들은 아마 그런 광경을 못 구경하였을 것이니, 좀 상상하기에 곤란할는지 알 수 없다. 그러나 일제 강점기 때에 일인들이 '게다'를 끌고 콘크리트 길바닥을 걸어다니던 꼴을 기억하고 있다면, '딸깍발이'라는 명칭이 붙게 된 까닭도 이해할 수 있을 것이다.

그런데 이 남산골 샌님이 마른 날 나막신 소리를 내는 것은 그다지 얘깃거리 될 것도 없다. 그 소리와 아울러 그 모양이 퍽 초라하고, 궁상이 다닥다닥 달려 있는 것이 문제인 것이다.

인생으로서 한 고비가 겨워서 머리가 희끗희끗할 지경에 이르기까지, 변변하지 못한 벼슬이나마 한자리 얻지 못하고(그 시대에는 소위 양반으로서 벼슬 하나 얻어 하는 것이 유일한 욕망이요, 영광이요, 사업이요, 목적이었던 것이다.), 다른 일, 특히 생업에는 아주 손방이어서 아예 손을 댈 생각조차 아니하였기 때문에, 경제적으로는 극도로 궁핍한 구렁텅이에 빠져서 글자 그대로 삼순구식의 비참한 생활을 해 가는 것이다. 그 꼬락서니라든지 차림차림이야 여간 장관이 아니다.

두 볼이 야윌 대로 야위어서, 담배 모금이나 세차게 빨 때에는 양볼의 가죽이 입 안에서 서로 맞닿을 지경이요, 콧날은 날카롭게 오똑 서서 꾀와 이지만이 내발릴 대로 발려 있고, 사철 없이 말간 콧물이 방울방울 맺혀 떨어진다. 그래도 두 눈은 개가 풀리지 않고 영채가 돌아서, 무력이라든지 낙심의 빛을 나타내지 않고 있다. 아랫 · 윗입술이 쪼그라질 정도로 굳게 다문 입은 그 의지력을 더욱 두드러지게 나타내고 있다. 많지 않은 아랫수염이 뾰족하니 앞으로 향하여 휘어뻗쳤으며, 이마는 대개 툭 소스라져 나오는 편보다 메뚜기 이마로 좀 편편하게 버스러진 것이 흔히 볼 수 있는 '타입'이다.

이러한 화상이 꿰맬 대로 꿰맨 헌 망건을 도토리같이 눌러 쓰고, 대우가 조글조글한 헌 갓을 좀 뒤로 젖혀 쓰는 것이 버릇이다. 서리가 올 무렵까지 베 중이 적삼이거나, 복이 들도록 솜바지 저고리가 거죽을 벗겨서 여름살이를 삼는 것은 그리 드문 일이 아니다. 그리고 자락이 모자라지고 때가 꾀죄죄하게 흐르는 도포나 중치막을 입은 후, 술이 다 떨어지고 몇 동강을 이은 띠를 흉복통에 눌러 띠고, 나막신을 신었을망정 행전은 잊어버리는 일이 없이 치고 나선다. 걸음을 걸어도 일인들모양으로 경망스럽게 발을 옮기는 것이 아니라 느럭느럭 갈지자 걸음으로, 뼈대만 엉성한 호리호리한 체격일망정 그래도 두 어깨를 턱 젖혀서 가슴을 뻬기고, 고개를 희번덕거리기는커녕 곁눈질 하나 하는 법 없이 눈을 내리깔아 코끝만 보고 걸어가는 모습, 이 모든 특징이 '딸깍발이'란 말 속에 전부 내포되어 있다.

그러나 이런 샌님들은 그다지 출입하는 일이 없다. 사랑이 있든지 없든지 방 하나를 따로 차지하고 들어앉아서, 폐포파립이나마 의관을 정제하고 대개는 꿇어앉아서 사서오경을 비롯한 수많은 유교 전적을 얼음에 박 밀듯이 백 번이고 천 번이고 내리 외는 것이 날마다 그의 과업이다. 이런 친구들은 집안 살림살이와는 아랑곳없다. 가다가 굴뚝에 연기를 내는 것도, 안으로 그 부인이 전당을 잡히든지 빚을 내든지 이웃에서 꾸어 오든지 하여 겨우 연명이나 하는 것이다. 그러노라니, 쇠털같이 허구한 날 그 실내의 고심이야 형용할 말이 없을 것이다. 이런 샌님의 생각으로는 청렴개결을 생명으로 삼는 선비로서 재물을 알아서는 안 된다. 어찌 감히 이해를 따지고 가릴 것이냐. 오직 예의, 염치가 있을 뿐이다. 인과 의 속에 살다가 인과 의를 위하여 죽는 것이 떳떳하다. 백이와 숙제를 배울 것이요, 악비와 문천상을 본받을 것이다. 이리하여, 마음에 음사를 생각지 않고, 입으로 재물을 말하지 않았다. 어디 가서 취대하여 올 주변도 못 되지마는, 애초에 그럴 생각을 염두에 두는 일이 없다.

겨울이 오니 땔나무가 있을 리 만무하다. 동지설상 삼척 냉돌에 변변치도 못한 이부자리를 깔고 누웠으니, 사뭇 뼈가 저려 올라오고 다리팔마디에서 오도독 소리가 나도록 온몸이 곱아 오는 판에, 사지를 웅크릴 대로 웅크리고 안간힘을 쓰면서도 이를 악물다 못해 박박 갈면서 하는 말이,

"요놈, 요 괘씸한 추위란 놈 같으니, 네가 지금은 이렇게 기승을 부리지마는 어디 내년 봄에 두고 보자."

하고 벼르더란 이야기가 전하지마는, 이것이 옛날 남산골 '딸깍발이'의 성격을 단적으로 가장 잘 표현한 이야기다. 사실로 졌지마는 마음으로 안 졌다는 앙큼한 자존심, 꼬장꼬장한 고지식, 양반은 얼어 죽어도 겻불을 안 쬔다는 지조, 이 몇 가지가 그들의 생활 신조였다.

실상 그들은 가명인이 아니었다. 우리 나라를 소중화로 만든 것은 어

쭙지 않은 관료들의 죄요, 그들의 허물이 아니었다. 그들은 너무 강직하였다. 목이 부러져도 굴하지 않는 기개, 사육신도 이 샌님의 부류요, 삼학사도 '딸깍발이'의 전형인 것이다. 올라가서는 포은 선생도 그요, 근세로는 민충정도 그다. 국호와 왕위 계승에 있어서 명·청의 승낙을 얻어야 했고, 역서의 연호를 그들의 것으로 하지 않으면 안 되었지마는, 역대 임금의 시호를 제대로 올리고, 행정면에 있어서 내정의 간섭을 받지 않은 것은 그래도 이 샌님 혼의 덕택일 것이다. 국사에 통탄할 사태가 벌어졌을 적에, 직언으로써 지존에 직소한 것도 이 샌님의 족속인 유림에서가 아니고 무엇인가. 임란 당년에 국가의 운명이 단석에 박도되었을 때, 각지에서 봉기한 의병의 두목들도 다 이 '딸깍발이' 기백의 구현인 것이 의심 없다.

구한 말엽에 단발령이 내렸을 적에, 각지의 유림들이 맹렬하게 반대의 상서를 올리어서,

"이 목은 잘릴지언정 이 머리는 깎을 수 없다."

라고 부르짖고 일어선 일이 있었으니, 그 일 자체는 미혹하기 짝이 없었지마는, 죽음도 개의하지 않고 덤비는 그 의기야말로 본받음직하지 않은 바도 아니다.

이와 같이, 딸깍발이는 온통 못생긴 짓만 하고 있었던 것이 아니라, 훌륭한 점도 적지않이 가지고 있었던 것이다. 쾨쾨한 샌님이라고 넘보고 깔보기만 하기에는 너무도 좋은 일면을 지니고 있었던 것이다.

현대인은 너무 약다. 전체를 위하여 약은 것이 아니라, 자기 중심, 자기 본위로만 약다. 백년대계를 위하여 영리한 것이 아니라, 당장 눈앞의 일, 코앞의 일에만 아름아름하는 고식지계에 현명하다. 염결에 밝은 것이 아니라, 극단의 이기주의에 밝다. 이것은 실상은 현명한 것이 아니요, 우매하기 짝이 없는 일이다. 제 꾀에 제가 빠져서 속아 넘어갈 현명

이라고나 할까. 우리 현대인도 '딸깍발이'의 정신을 좀 배우자.

첫째, 그 의기를 배울 것이요, 둘째 그 강직을 배우자. 그 지나치게 청렴한 미덕은 오히려 분간을 하여 가며 배워야 할 것이다.

벙어리 냉가슴

말하기 좋다 하고 남의 말 말을 것이
남의 말 내 하면 남도 내 말 하는 것이
말로써 말이 많으니 말 말을까 하노라

전해 오는 옛 시조로서 누구의 작인지는 알 수 없으나, 말을 삼가야한다는 교훈조로 지은 것이 아닌가 한다.

'고기는 씹어야 맛이요, 말은 해야 맛이라.' 는 속담대로 생각한다면 당치도 않은 작품이요, '문 바른 집은 써도 입 바른 사람은 못 쓴다.' 든지, 수구여병(입 다물기를 병마개 막아 두듯)이란 격언 편으로 본다면, 인생 처세의 진체를 때려맞힌 훌륭한 옥조가 아닐 수 없다.

벌써 7년 전이나 된다. 수필집을 엮어서 책자로 발행할 적에 그 이름을 《벙어리 냉가슴》이라고 붙인 일이 있다. 그랬더니, 몇몇 친구로부터 무슨 이유로 그런 제명을 붙였느냐, 또 그렇게 책 이름을 붙였으면, 그런 제호로 쓴 한 편의 글이 그 수필집 속에 끼여 있는지, 그렇지 않으면 서문이나 발문에 제명의 내력을 밝히어 두어야 할 것이 아니냐고, 질문을 받은 일이 있었다.

이런 물음에 대하여 그저 생각나는 대로 이름을 붙인 것이지, 거기에 어떤 내력이랄지 이유랄 것이 있지 않다고 대답해 두었었다.

그러나 이런 이름에 전연 의미가 없는 것은 아니다. 아무 의미도 없다면, 이름을 붙인다는 자체가 난센스 중에도 난센스일 것이다.

필자의 나이 많지는 못하지만, 일생 동안 파란곡절이 많은 세상을 살아 왔다. 1896년 이 강산에 태어나서, 대한제국 시대에 열다섯 살을 먹었고, 한일합방 후 일본제국의 통치 밑에서 36년이란 세월을 견뎌 왔으며, 1945년에 8·15 광복이 되매, 미군정 밑에서 만 3년을 지냈다. 대한민국이 수립된 후에도, 이승만 집권 아래에서, 또는 과도 정부와 민주당 치하에서, 그리고 지금은 군사혁명 정부 밑에서, 살아왔고 또 살고 있다.

　차례차례 이와 같이 갈려 내려온 통치권 밑에서, 가지각색의 풍파를 다 겪는 중에서 어떠한 시대에도, 기탄 없이 심간을 다 털어놓고 말할 수 있는 자유란 한 번도 맛본 일이 없다. 대한제국 시대에는 철을 몰랐으니까 논외로 친다 하더라도, 그 후 반세기 남짓한 세월을 내려오며, 하고 싶은 말을 한 것보다 못한 것이 더 많았다는 것은, 푼치의 에누리 없는 사실었다고 말하지 않을 수 없다. 입술을 들썩이고 곧 튀어나오려는 말을, 혀를 깨물다시피 막아 버리고 그것을 되씹어서 꿀꺽 삼켜 넘기는 일이 너무도 많았던 것이다.

　이렇게 말하면 독자들 중에는, 필경 필자에게 겁쟁이라거나, 가시 없는 무골충이라는 비난의 화살을 퍼부을 분이 있을지도 모르겠다.

　그러나 나의 과거를 암만 회고 반성하여 보더라도, 조고의 부하들 모양으로, 지록위마라는 호령에, 그대로 유유낙낙 순종하여 입내를 낸 적이라든지, 혹은 우남의 좌우들이 민의보다도 한 걸음 더 뛰어서 우의·마의까지 동원시키던 과잉 충성을 본뜨려는 심보는 지니고 있지 않았다.

　일정 시대에 마음으로 그랬든지, 제스처로 그랬든지는 모르겠으나, 황국 신민을 예찬하던 글을 쓰던 문예협회에 가입하라고 수차의 권유 아닌 강요를 당하면서도, 끝끝내 거부한 것은, 오늘날 생각하여 보면 여

반장 같은 일인 듯도 하지만, 그 당시에는 그리 용이한 일이 아니었던 것을 기억하는 이는 기억하고 있으리라.

일본인이 사갈같이 여기고, 탄압·말살책을 강행하던 대상인 우리 국어를 최후까지 지켜보려다가, 고문과 옥고를 만끽하게 된 것도, 비겁이나 무골의 소치는 아닐 것이요, 4·19 학생 데모 직후에 교수 데모대 옆에 참가하여, '이승만 물러가라'고 부르짖을 때에도, 총탄 세례쯤은 각오한 바가 아니었다.

이것을 무슨 장한 자랑거리로 삼아서, 이와 같이 지면에 나열하는 것은 결코 아니다. 내딴은 상당히 의지를 강하게 가져 보자고 노력은 하면서도, 불현듯 하고 싶은 말을 못하는 경우가 하도 많기 때문에 그것을 강조하는 것에 지나지 않는다.

결국 꿀——아니 소태——먹은 벙어리가 되는 일이 하도 많다. 사적으로 나의 가정 안에서도 그렇고, 공적으로 대정부, 대사회, 대상사, 대하예 등 대상에 대하여 말을 못하는 경우가 많았다.

이것은 또 국내적으로만 그런 것이 아니다. 외국 혹은 외국인에 대하여도 그러하다.

억울할 때, 비위가 상할 때, 아니꼬울 때, 분통이 터질 때, 이런 때에 마음대로 푸념을 하고 폭백을 해서, 속이 시원하도록 창자 속에 뭉친 것을 죄다 쏟아놓았으면 오죽이나 좋을까마는, 꿀꺽꿀꺽 참아 버리자니 벙어리 냉가슴을 앓지 않을 수가 없다.

말하자면 잡류라 하고
말 아니면 어리다 하네

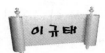

1933~ . 전북 장수 출생. 연세대학교를 졸업하고, 1959년 《조선일보》 기자로 언론계에 투신한 이후 문화부, 조사부를 거쳐 주로 논설을 집필하고 있다. 주요 저서로 《한국의 인맥》, 《한국인의 의식구조》, 《한국인의 재발견》 등이 있다.

내 나 무

어릴 적에 즐겨 불렀던 동요에 '나무타령' 이라는 게 있었다.

청명 한식에 나무 심으러 가자.
무슨 나무 심을래.
십리 절반 오리나무
열의 갑절 스무나무
대낮에도 밤나무
방귀 뀌어 뽕나무
오자마자 가래나무
깔고 앉아 구기자나무
거짓 없어 참나무
그렇다고 치자나무
칼로 베어 피나무
네편 내편 양편나무
입맞추어 쪽나무
너하구 나하구 살구나무

이 나무 저 나무 내 밭두렁에 내나무…….

'나무타령'은 이처럼 '내 밭두렁에 내나무'로 끝난다. '나무타령'에 나오는 모든 나무들은 실제 있는 나무들이다. 그런데 내나무는 식물 도감을 찾아보아도 없는 나무이다. 그러나 내나무는 실제로 있었고, 나도 분명히 내나무를 보았다. 내나무가 없는데도 있는 이유가 있다.

내가 태어난 갈재의 깊은 산촌에는 예로부터 아이가 태어나면 그 아이 몫으로 나무를 심는 풍속이 있었다. 딸을 낳으면 그 딸아이의 몫으로 논두렁에 오동나무 몇 그루를 심고, 아들을 낳으면 선산에 그 아들 몫으로 소나무나 잣나무를 심었다. 이렇게 탄생과 더불어 심은 나무가 그 아이에게 있어 내나무인 것이다.

딸이 성장하여 시집 갈 나이가 되고 혼례 치를 날을 받으면, 십수 년간 자란 이 내나무를 잘라 농짝이나 반닫이 등의 가구를 만들어 주었다. 아들의 경우, 내나무는 나무의 주인이 죽을 때까지 계속해서 자라게 둔다. 60년 안팎 자란 내나무는 우람한 나무가 되게 마련이다. 이 내나무는 주인의 관을 짜는 데 사용되었다.

이처럼 내나무는 나의 탄생과 더불어 나와 숙명을 같이하고 죽을 때에는 더불어 묻히는 존재였다. 이 세상에 자연과 인생이 이토록 밀접한 동반 관계를 맺고 사는 나라가 있었을까 싶다. 그런데 이제는 내나무도 우리 나라의 사라진 풍속 중의 하나가 되고 말았다.

안병욱

1920~ . 호는 이당. 평안남도 용강에서 태어났다. 철학자이자 교육자, 수필가이다. 1943년 일본 와세다대학교 문학부 철학과를 졸업하였다. 수필집으로 《현대사상》, 《마음의 창문을 열고》, 《행복의 미학》, 《인생은 예술처럼》, 《아름다운 창조》 등이 있다.

인생에는 행복이

어떤 분이 시화전을 열면서 시 한 편을 써 달라고 한다. 그래서 다음과 같은 시 아닌 시를 써 드렸다.

하늘에 밝은 태양이 있는 한 인생에는 희망이 있다.
땅 위에 아름다운 꽃이 있는 한 인생에는 삶의 의미가 있다.
가슴에 따뜻한 사랑이 있는 한 인생은 살 보람이 있다.
아무리 죽음과 고통과 비극이 있어도 태양과 꽃과 사랑이 있는 한
인생에는 행복이 있다.

조물주의 창조물 중에서 가장 위대한 작품은 태양일 것이다. 또 그 뜨거운 불덩어리, 그 밝은 빛, 그 무서운 에너지.

태양은 얼마나 위대한 존재인가. 옛날 사람들이 태양을 숭배한 것은 결코 우연한 일이 아니다.

빛 중의 가장 큰 빛, 열 중의 가장 큰 열, 에너지 중의 가장 큰 에너지, 그것이 태양이다. 우리는 태양처럼 살아야 한다. 토함산에 올라가서 동해의 해 뜨는 광경을 본 일이 있다. 비행기를 타고 태평양상에 아침

해가 솟아오르는 것을 본 일이 있다. 장엄무비였다. 해가 솟으면 어둠이 물러가고 추위가 사라진다.

하늘에 밝은 태양이 존재하는 한 우리는 인생에 대해서 항상 희망을 가질 수 있다.

하느님의 창조물 중에서 가장 아름다운 것을 든다면 주저하지 않고 꽃을 들겠다.

아름답지 않은 꽃을 본 일이 있는가. 호박꽃은 소박미가 좋고 백합꽃은 청초미가 좋다.

꽃은 빛깔과 모양과 향기의 삼박자로 미의 교향악을 이룬다.

우리는 아름다운 것을 표현할 때 '꽃다운'이란 말을 쓴다.

꽃은 미의 대표요, 상징이다.

'미는 영원한 기쁨'이라고 시인 키츠는 노래했다. 땅 위에 아름다운 꽃이 피어 있는 한 우리는 인생을 살 의미가 있다.

창조주의 많은 작품 중에서 가장 고마운 것은 우리의 가슴속에 사랑의 씨앗을 뿌린 것이다.

인생에 사랑이 없다고 가정해 보라. 세상은 곧 사막으로 변하고 말 것이다.

풀 한 포기, 나무 한 그루, 샘물 줄기 하나 없는 사막을 생각해 보라. 인생이 만일 그러한 사막과 같다면 많은 사람들이 스스로 목숨을 끊고 말 것이다.

인생에는 사랑의 생기가 있기 때문에 우리는 기쁨과 용기를 가지고 살아갈 수 있다.

부자 간의 사랑, 모자 간의 사랑, 연인 간의 사랑, 부부 간의 사랑, 동족 간의 사랑, 이러한 사랑이 있기 때문에 인생은 사는 보람과 의미가 있다.

인간은 빵만으로 사는 동물이 아니다. 사랑을 먹고 사는 존재다. 빵은 육체의 양식은 될 수 있어도 정신의 양식은 될 수 없다. 사랑이라는 정신의 양식을 먹어야 살 수 있다.

철학자 피히테는 '인간의 주성분은 사랑' 이라고 하였다.

인생에는 괴로움이 많고 비극이 허다하다. 죽음도 있고, 가난도 있고, 전쟁도 있고, 질병도 있다.

그러나 우리의 가슴속에 사랑의 샘이 솟는 한, 우리는 인생에 대해서 언제나 희망과 기쁨을 가질 수 있다.

전쟁이니, 질병이니, 가난이니, 죽음이니 하는 인생과 세계의 부정 원리가 엄연히 존재한다. 그러나 그러한 부정 원리를 극복할 수 있는 긍정원리를 우리는 또한 갖고 있다.

긍정 원리 중의 가장 크고 강한 것은 사랑의 원리다. 사랑은 죽음보다 강하다. 아무리 지상에 고통과 비극과 죽음의 악이 존재한다고 하더라도 하늘에 밝은 태양이 빛나고, 땅 위에 아름다운 꽃이 피고, 우리의 가슴속에 따뜻한 사랑이 존재하는 한, 인생은 살 보람이 있고, 의미가 있고, 행복이 있다.

김태길

1920~ . 호는 우송. 충북 중원에서 태어났다. 서울대학 철학과 및 존스홉킨스대 대학원을 졸업하였다. 수필집으로 《빛이 그리운 생각들》, 《검은 마음 흰 마음》, 《멋 없는 세상 멋 있는 사람》 등이 있다.

좋은 글

1

좋은 글을 만나면 좋은 사람을 만난 듯 더없이 기쁘다. 잘 아는 사람이 좋은 글을 썼을 때는 그의 깊은 속을 새삼 발견한 듯 정이 쏠린다. 글은 사람이다.

좋은 글을 쓰는 사람이 모두 항상 좋은 사람은 아니다. 꽃을 사랑하는 사람이 모두 언제나 착한 사람이 아닌 것과 마찬가지다. 그러나 꽃을 사랑하는 사람은 어디엔가 고운 마음이 있듯이, 좋은 글 쓰는 사람에게는 어디엔가 좋은 데가 있다.

좋은 글을 쓰지 않는 사람들 가운데도 좋은 사람들이 있다.

천성이 착하디착하여 악의 세계를 잘 모르는 사람은 아마 좋은 글을 쓰기 어려울 것이다. 감명 깊은 글이란, 보통 사람들과 같이 약점과 치부를 수없이 가진 인간이 스스로 반성하고 자기의 현재를 극복하고자 몸부림치는 가운데 자연히 생기는 내면의 기록일 경우가 많다.

좋은 글은 남에게 명령하거나 충고하기 전에 우선 스스로 반성한다. 좋은 글은 남의 약점을 나무라기에 앞서서 동병상련의 심정으로 동정한다. 전혀 반성할 여지가 없이 완전한 인물도 좋은 글을 쓸 수 있을지 모르나, 나는 아직 그런 사람의 글을 읽어 본 적이 없다.

언뜻 보기에 좋은 글 같으나 사실은 별로 그렇지 못한 글이 있다. 언뜻 보기에 좋은 사람 같으나 사실은 대단치 않은 인물이 있는 것과 비슷한 사정이다.

좋은 글을 만나면 나도 그런 글을 쓰고 싶은 충동을 느낀다. 좋은 글을 쓰고 싶은 충동은, 좋은 사람이 되고 싶은 염원이기보다도, 아름다운 것 또는 뜻있는 것을 만들어 내고 싶은 창작의 소망이다.

좋은 글을 쓰고자 애쓰는 순간 마음은 자연히 가다듬어진다. 좋은 글에 대한 염원이 곧 좋은 사람을 만드는 결과로 이끌지는 않겠지만, 적어도 필자 자신의 마음의 갈피를 정리하기에 귀중한 계기가 될 수는 있을 것이다.

자기 자신의 글을 읽고 얼굴이 붉어질 때가 있다. 오래 전에 쓴 글이 매우 유치하다는 것을 발견할 때 부끄러움에 책을 덮어 버린다. 그러나 정말 마음이 어두워지는 것은 제가 쓴 글 가운데 의외로 좋은 말이 발견되었을 경우에 있어서다. 그 좋은 말에 어울리는 실천이 없었음을 반성하고 부끄러움을 금치 못할 경우도 있고, 옛날 그 수준의 글을 요즈음은 쓰지 못한다는 후퇴감에 마음이 괴로울 때도 있다.

2

'글은 사람이다.' 라는 말이 가장 잘 들어맞는 것은 '수필' 또는 '수상'으로 불리는 부류의 글이다. 아래위로 정장을 하고 격식을 따라서 거동하는 공식 회합에서보다도 내의 바람으로 꾸밈새 없이 행동하는 일상생활 속에서 사람됨의 본색이 더욱 잘 나타나듯이, 형식에 구애 없이 가볍게 쓴 수필 가운데 의외로 필자의 인품이 역력히 나타나곤 한다. 특별한 전문적 지식과 관계없이 여러 분야와 여러 계층의 사람들이 함께 참여할 수 있는 수필이 사람들의 모습을 잘 나타내 준다는 것은 매우 반가운 일이다.

　근자에 수필이 많이 쓰이고 읽히는 가운데 '수필다운 수필' 또는 수필의 문학성에 관한 논쟁이 일부 평론가들 사이에 활발함을 본다. 그러한 논쟁이 우리 나라 수필의 수준을 높이기에 기여할 것을 기대하면서 이른바 '수필론'을 관심 깊게 살펴 읽는 축이다.

　모든 평가의 기준이 그렇듯이 수필에 관한 평가의 기준도 시대 정신 또는 민족 정신을 반영하여 형성되는 것으로 안다. 오늘날 우리 나라의 문화적 상황은 하나로 통일된 시대 정신 또는 민족 정신이 지배하기보다는 여러 갈래의 이질적인 사상들이 엉켜 있는 상태이므로, 수필에 관한 이론에도 자연 여러 가지 견해의 대립을 본다. 수필 문학을 위한 하나의 권위 있는 평가의 척도가 확립되기를 고대하는 사람이기는 하나, 무리하게 조급한 결정을 서두를 필요는 없을 것으로 본다.

　어떠한 수필이 가장 좋은 수필이냐는 물음은 백화가 만발한 화단 가운데 무슨 꽃이 가장 아름다우냐는 물음과 같다고 말한 사람이 있다. 수필과 꽃은 경우가 반드시 꼭 같지는 않겠지만, 수필의 평가에 있어서도 기호 또는 주관의 개입을 완전히 배제할 수 없다는 점은 일단 수긍해야 할 것이다. '어떤 수필이 좋은 수필입니까?' 라고 묻는 것보다는 '당신은 어떤 수필을 좋아하십니까?' 라고 묻는 것이 훨씬 알기 쉽고 대답하기 쉬운 질문이다. 다만, 사람들은 자기가 좋아하는 수필은 객관적으로 좋은 수필이라고 믿는 경향이 있는 까닭에, 저 두 가지 물음은 결국 같은 물음으로 받아들여지곤 한다.

3

　나는 어떤 수필이 좋은 수필인지를 말할 수 있는 조예에 이르지 못하였다. 다만, 내가 어떤 수필을 좋아하는지는 어느 정도 말할 수 있을 것 같다. 내가 좋아하는 수필보다도 좋아하지 않는 수필을 말하기는 더욱 쉬운 것 같은 생각이 든다.

　좋은 수필에도 여러 가지 유형이 있을 것이라고 생각한다. 수필에는 반드시 정서가 담뿍 담겨 있어야 한다든지 또는 반드시 해학이 들어 있어야 한다는 따위의 주장은, 국화는 반드시 꽃송이가 커야 한다는 주장과 같이 편벽된 듯하여 공감이 가지 않는다. 그러므로 다음에 내가 어떤 수필이 좋다고 말하는 것은 내 개인의 기호를 말할 뿐이요, 그 밖의 것들은 좋지 않다는 뜻은 전혀 담지 않았다.

　나는 필자의 개성이 뚜렷이 나타난 수필을 좋아한다. 생면부지의 필자이건만 글을 읽으면 그 사람됨을 짐작할 수 있을 정도로 개성이 뚜렷한 수필이 좋다. 흔히 남들이 한 말을 또 한번 늘어놓는 것 같은 싱거운 글은 끝까지 읽기가 지루하다.

　그러나 지나치게 기교를 부리거나 자아를 과장한 글에는 호감이 가지 않는다. 전에는 '수필의 본질은 자아의 표현'이라는 말에 잘못 이끌려 의식적으로 자아를 강조한 글을 좋아한 때도 있었으나, 요즈음은 생각이 많이 달라졌다.

　당연한 얘기가 되겠지만 글에는 반드시 진실이 담겨야 한다고 생각한다. 허세를 부리거나 솔직하지 못하여 마치 자기는 이미 인격의 완성 단계에 도달한 듯 위선적인 글은 읽기에 역겹다. 대단치도 않은 학식을 가지고 크게 많이 아는 양 현학적인 글도 비위에 거슬린다.

민족의 지도자로 자처하면서 설교를 늘어놓기에 바쁜 글은 더욱 호감이 가지 않는다. 내가 쓴 것 가운데 그런 것이 발견될 때는 당장 책을 덮어 버린다. 글에 교훈을 담는 것이 나쁘다는 뜻은 아니다. 다만, 교훈은 간접적인 것이 바람직하며 마지막 판단은 독자 자신이 하도록 여운을 남기는 것이 좋다는 생각이다.

나는 생각이 깊은 글을 좋아한다. 삶의 어려운 문제들을 독자와 함께 깊이 생각하는 자세로 쓰인 글에 호감이 간다. 우리가 흔히 당하기 쉬운 삶의 슬픔 또는 괴로움을 자기의 체험을 통해 진실하게 그린 글, 특히 슬픔이나 괴로움을 이겨 나가고자 하는 용기를 조심성 있게 보여 주는 글에 공감을 느낀다. 그러나 겉으로 나타나게 감상적이거나 자기 도취에 빠진 글에 대하여는 상이 찌푸려진다.

품위 있는 해학을 여기저기 엮어 넣은 글은 언제 읽어도 마음이 흔쾌하다. 자기 자신의 실패나 슬픔을 가벼운 웃음으로 처리한 마음의 여유를 읽는 것도 기쁘거니와, 각박하고 부조리한 세태를 동정 섞인 유머로 둥글게 나무라는 독기 가신 비판 정신을 읽는 것도 즐거운 일이다.

그러나 저속한 익살이나 가시 돋친 냉소에 대하여는 저항을 금치 못한다. 해학의 극치는 자기 자신을 웃음거리로 삼되 자애의 정신을 잃지 않는 건강 속에서 발견된다. 남이 웃음의 대상이 될 경우에는 특히 따뜻한 사랑으로 그 웃음을 배상할 때 비로소 유머의 경지에 도달한다.

나는 짧고 간결한 표현 속에 은근한 함축이 담긴 글을 사랑한다. 산문시라고 불러도 좋을 그러한 글에는 현대시에 흔히 보이는 난해성도 없고 자기 도취에 빠진 아류 문필의 지루함도 없다.

그러나 지나친 억제로 인공이 압도하며 분재와 같은 인상이 강한 글을 최상급으로 찬양하는 견해에 대하여는 회의를 느낀다. 소재에 따라서는 분재를 다듬는 수법으로 처리하는 것이 적합한 경우도 있을 것이다. 그러나 분재가 아무리 아름다워도 자연림에 가까운 광활한 정원의 미를 따르지 못한다.

나는 신비로운 분위기가 감도는 글을 좋아한다. 가을 하늘처럼 맑고 진달래처럼 산뜻한 글도 좋지만, 심산유곡을 원경으로 그린 동양화를 연상케 하는 꿈 같은 글은 더욱 매혹적이다. 현실이 각박하면 각박할수록 마음에 어떤 활력을 불어넣어 줄 수 있는 꿈의 언어가 고맙게 느껴진다.

그러나 알맹이 없는 생각에 연막을 쳐서 굉장한 사상을 가장하는 속임수는 환각제 못지않은 죄악이라고 믿는다. 내가 여기 '신비로운 분위기가 감도는 글'이라 함은, 무당의 굿과 같은 모호한 언어의 유희를 일컫는 것이 아니라, 인간적인 진실을 지향하는 구도자다운 정신의 영감 서린 문장을 말하는 것이다.

나는 평이한 문장의 글을 좋아한다. 쉬운 말로 쓸 수 있는 내용을 굳이 난삽한 용어로 표현하는 것은 어딘지 현학적인 것 같아서 정이 가지 않는다. 그러나 쉽게 풀어 쓰기 위해서 말수가 많아지는 것은 바람직한 일이 아니다.

문장은 평이하고도 간결한 것이 상품이다.

언뜻 보기에 평범한 것 같으나 새겨 읽으면 인품의 세련됨을 느끼게 하는 그런 글이 좋다. 겉으로 재치가 흐르는 글보다는 안으로 덕성을 숨긴 글이 더욱 값져 보인다.

표현의 아름다움과 사상의 심원함을 아울러 가진 글이라면 그 이상 더 바랄 것이 없다. 그러나 언제나 두 가지가 다 충족되어야 한다고는 믿지 않는다. 사상에 새로운 점이 없더라도 표현이 참신하면 그런대로 찬양할 일이요, 비록 문장에 미숙한 점이 있더라도 사상에 심오한 경지가 있으면 그것만으로도 높이 평가되어야 할 것으로 생각한다.

4

글이 많이 읽히지 않는 세상인데 글 이야기를 썼다. 별로 관심거리가 될 성싶지도 않은 '글에 관한 글'을 쓴 것은, 좋은 글이 많이 쓰이고 또 많이 읽히는 풍토가 되기를 염원하는 조그만 마음에서이다.

수필의 전문가도 못 되면서 수필에 관한 이야기를 썼다. 문외한인 주제에 수필 이야기를 쓴 것은 전문가 못지않게 수필을 사랑하는 마음이 분수를 잊게 한 때문일 것이다.

글이라는 것을 많이 읽을수록 좋은 것일지는 의문이다. 모든 일이 그렇듯이 아마 글도 알맞게 읽는 것이 바람직할 것이다. 요즈음같이 바쁜 세상에 글만 읽을 수도 없을 것이며, 독서 이상으로 긴요한 활동의 분야도 많을 것이다. 그러나 오늘의 우리 사회가 좀더 책을 읽어야 한다는 여론에 반대할 사람은 없을 것이며, 그 여론이 여론으로 그치지 않고 실천에 반영되기를 바라는 마음 절실하다.

우리는 제한된 범위 안에서 책을 읽어야 한다. 제한된 시간과 도서비 안에서 시시한 책을 읽는다는 것은 어리석은 일이며, 좋은 책만을 골라서 읽어야 한다는 것은 당연한 상식이다. 많이 읽느냐 적게 읽느냐보다도 더욱 중요한 것은 무엇을 어떻게 읽느냐 하는 문제이다.

우리 나라에서도 현재 상당히 많은 책이 출판되고 있는 것으로 안다. 그러나 좋은 책보다 흥미 위주의 서적들이 많이 나오고 있으며, 그런 것들이 많이 읽히고 있다는 사실은 개탄할 현상이다. 흥미 본위의 책이 나쁘다는 뜻이 아니라 양서가 밀려나는 것이 안타깝다는 뜻이다.
　좋은 글이 실린 좋은 책이 많이 나오고, 그것들이 널리 읽히는 날이
오기를 고대하는 것은 나 한 사람만의 심정이 아닐 것이다

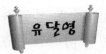

1911~ . 호는 성천. 경기도 이천에서 태어났다. 수원농고를 거쳐 미국 미네소타대 대학원에서 공부하였다. 저서로 《새 역사를 위하여》, 《인생 노트》 등과 수필집 《피닉스의 연가》 등이 있다.

누에와 천재

서당에 다니던 내가 긴 머리꼬리를 잘라 버리고 외숙을 따라 충청도에 갔을 때에 생긴 우스운 이야기의 한 토막이다.

나는 거기서 간이한 산수와 일어를 얼마 동안 익혀 가지고 보통학교 1학년에 중도 입학을 하였다.

내 외숙은 일찍 개화한 분이며, 내 외숙모는 외숙의 지시로 신식법으로 누에를 여러 장 쳐서 적지 않은 수입을 올렸다.

작은 개미 같은 새까만 어린누에들을 누에씨에서 쓸어 낸 것이 며칠 안 되는 성싶은데, 벌써 손가락만큼씩 큰 누에들이 손바닥 같은 뽕잎을 서걱서걱 먹어 내려가고 있는 것이 신기하고도 대견스러웠다. 내가 외숙모 옆에 서서 잠박에 가득 찬 누에들을 보고 있노라면, 깊은 밤 창밖에 내리는 봄비 소리를 듣고 있는 듯한 착각을 일으키곤 했다. 여러 마리의 누에들이 뽕을 먹는 그윽한 소리는 내 마음을 착 가라앉게 해 주었다. 그리고 옥비녀같이 희고도 탐스러운 누에들은 내 눈앞에서 무럭무럭 몸뚱이들이 자라나고 있는 듯하였다.

오래지 않아 이 버러지들의 입에서 윤이 흐르는 보드라운 비단실이 술술 한정 없이 나와서 옥구슬 같은 고치가 눈송이처럼 지어질 것이다.

그리고 그 고치들은 다시 내 외사촌 누나들의 손으로 정성스레 풀려져서 가지가지의 무늬진 비단으로 짜여질 것이다. 바라보면 바라볼수록 누에들이 신비스럽고 대견스러웠다. 내가 이런 생각을 하면서

"외숙모, 누에는 참 재주도 좋아."

혼잣소리로 감탄하고 있노라니, 뽕을 주던 외숙모가 빙그레 웃으시면서

"그렇구말구, 재주가 좋구말구."

이렇게 내 말에 찬동해 주는 것이었다. 그런데 외숙모는 또 이런 이야기를 들려 주었다.

"예전 노인들이 그러시는데, 누에를 먹기만 하면 사람들도 비상한 재주가 생긴대. 그러나 그것을 어떻게 먹을 수가 있어야지."

나는 '비상한 재주'라는 한 마디에 그만 귀가 번쩍 띄었다. 그래서 입 속으로 '비상한 재주, 비상한 재주'하고 뇌어 보았다. 그리고 '정말 그럴지도 몰라. 참말일 거야.' 하는 생각이 들었다.

"외숙모, 얼마나 큰 누에를 몇 마리나 먹으면 된대요?"

하고 내가 슬쩍 물어보았더니, 외숙모는

"왜? 너, 정말 누에를 먹어 보련?"

하시면서 나를 유심히 내려다봤다. 나는 얼떨결에

"아아뇨, 그걸 징그럽게 어떻게 먹어요?"

하고 딴전을 피웠다. 외숙모는 소리를 내여 킬킬 웃으시면서

"먹기로 한다면야 제일 큰 것으로 다섯 마리쯤은 먹어야 약이 될걸."

이렇게 말씀하셨다.

'제일 큰 것으로 다섯 마리.' 이것을 나는 똑똑하게 기억해 두지 않을 수가 없었다. 중요한 정보였다. 그리고 몇 번이고 '누에와 비상한 재주'에 대하여 속으로 되뇌어 보았다.

어느 날, 20리가 넘는 학교길을 서둘러서 일찌감치 집으로 돌아왔다. 그리고 아무도 없는 잠실에 들어가 보았다. 오령이 된 누에들은 지네섶이 가득하게 얹힌 잠박 위에서 고치 지을 자리를 찾아 헤매기도 하고, 벌써 머리를 휘둘러 어리를 치는 놈들도 있었다. 누에는 이제 다 올라간 것이다. 이 기회를 놓친다면 올해에는 그 '비상한 재주'에 약이 되는 누에를 먹을 기회가 없어지고 마는 것이다.

반짝반짝하는 비단실이 뽑혀 나오는 누에들을 바라보고 있노라니 '비상한 재주가 생긴대.' 하시던 외숙모의 목소리가 또렷하게 가슴에 되살아났다.

나는 결심을 했다. 잠박 위의 섶을 뒤지면서 누에를 이것저것 집어 들었다 되놓았다 하면서 골라 보았다. 그렇게 징글맞게 커 보이던 누에들이 어쩐지 집어 보면 모두 작은 것만 같았다. '더 큰 놈은 없을까?'

이렇게 생각하니 용기가 솟아나고 앞이 환해지는 것 같았다. 나의 누에를 먹으려는 결심은 이제 무엇으로도 돌이킬 수가 없을 정도로 확고해져 있었다. 누에꽁지를 쥐고 쳐들어 입에다 넣으려고 하니 머리를 내두르고 손가락에 들러붙는 것이었다. 그러나 이미 결심이 이처럼 굳게 섰으니 놓아 줄 수야 있겠는가? 눈을 꼭 감고 입을 크게 벌리고 누에를 입 속으로 집어넣었다. 입 속이 뜨겁고 컴컴해서인지 누에는 꿈틀거리고 뒤틀고 들러붙고 하면서 못견디어했다. 상상했던 것과는 딴판으로 야단을 치는 것이었다.

그러므로 도저히 삼켜질 것 같지가 않았다. '그대로 어금니 사이에 넣고 꽉 깨물어서 삼켜 버릴까?' 하고 생각했으나, 터진 누에가 입 안에 흥건할 것을 생각해 보니 이건 참 못 하겠다는 생각이 들었다. 그리고 그 깨끗한 누에를 고스란히 삼켜서 곱게 내 몸 속에 흡수시켜야 그 '비상한 재주'가 조금도 허실이 없이 내 것이 될 것만 같았다. 그래서 나는 일시 혼란해지려는 마음을 가다듬고 삼켜 보려고 안간힘을 썼다. 누에는 시간이 지날수록 야단이고, 속에서 욕지기가 나서 뱃속에 있는 것이 모두 올라올 것만 같았다.

나는 한 손으로 입을 막고 다시 죽을 힘을 다하여 혓바닥을 안으로 욱이기도 하고, 목구멍을 크게 벌려 보기도 하면서 갖은 노력을 다했다. 그러면 그럴수록 이 징그럽게 큰 누에도 최대한의 저항을 계속하는 것이었다. 땀이 비 오듯 하였다.

그러나 나의 의지와 인내와 욕망은 누에를 목구멍 너머로 넘기는 데 기어이 성공했다. 그러나 식도에서도 위 속으로 순순히 들어가지 않고 꿈틀거리고 들러붙고 야단이었다. 나는 '비상한 재주'의 5분의 1을 이렇게 삼킨 것이다. 이제 몹시 힘이 들기는 했지마는, 다음 순서를 중지할 수는 없었다. 다시 두 마리째, 세 마리째, 네 마리째, 차례로 목구멍 너머로 넘기기에 성공했다.

땀은 쉴새없이 흘러서 중의적삼은 물에서 건져 낸 듯이 젖었다. 이렇게 해서 다섯 마리의 누에를 저녁 밥상이 들어오기 전에 다 먹기에 성공한 것이다. 위 속에서 다섯 마리의 커다란 누에들이 한데 엉키어 꿈틀거리는 것이 눈에 보이는 듯했다. 그러나 '나는 이제 비상한 재주를 뱃속에 넣고 있다.' 하는 한 가지 기쁨에 모든 어려움과 괴로움을 극복할 수 있었다. 나는 잠실 문을 열고 빨리 나와 내 방으로 들어갔다. 이 비밀을 단단히 간직해야 하겠기 때문이었다.

저녁 밥상 앞에 앉았을 때 외숙모는 나를 유심히 바라보시면서

"너, 무엇을 했기에 옷이 그렇게 젖었니?

하고 의아스러운 표정으로 물으셨으나, 누에를 먹느라고 그렇다고 대답할 수가 없어서 어물어물해 버렸다. 만일, 내가 누에를 다섯 마리나 산 채로 삼켰다는 사실을 말해 버린다면, 분명히 온 동네에 소문이 퍼질뿐

더러, 다른 아이들이 곧 나처럼 누에를 먹을지도 모를 일이었다. 그렇게 된다면 나의 '비상한 재주'는 아무런 보람이 없어질 것이 아닌가? 그 날 나는 속이 느글거려서 저녁을 몇 술 못 뜨고 말았다.

그런데 웬일인지 이렇게 힘들여서 먹은 누에의 효과는 도무지 나타나지를 않았다. '며칠 후부터 비상한 재주가 나올는지 모르지. 아니, 몇 달 후부터는 비상한 재주가 나올는지 모르지.' 하고 끈덕지게 기다려 보았으나, 전에 없던 재주가 솟아나는 것 같지도 않고, 숙제도 꼬박꼬박 힘들여 해 가야 했다.

지금도 섶에 올린 굵다란 누에를 볼 때마다 내 어릴 적의 철없던 일을 회상하고 혼자 웃는 일이 있다. 그리고 이런 생각을 해 본다. 만일, 그 다섯 마리의 누에가 내 뱃속에 들어가서 그들의 비상한 재주를 정말로 내게 주어서 내가 비상한 재주꾼이 되었다고 가정해 보자. 나는 필연코 지금쯤은 그 재주를 믿고서 교만하고 게을러져서 어떤 어둡고 슬픈 골짜기 속에 떨어져 헤매고 있을지도 모른다.

스스로 둔함을 알고 모든 일에 노력해 보려는 이 작은 밑천마저 그 재주가 앗아 가지고 갔을 것이 틀림없다. 나이가 들어갈수록 나는 점점 '비상한 재주'에 대한 매력이 없어지고, 오히려 둔해 보이고 어리석어 보이는 사람들에게 존경과 친밀과 친화가 생긴다. 진정, 어리석은 사람들의 친구가 되어 보고 싶은 것이 지금의 솔직한 심정이다. 나는 '비상한 재주'가 확실히 생긴다고 하더라도, 다섯 마리의 누에를 산 채로 삼키는 일을 반복하지 않을 것이다.

우리의 인생에서는 재주 없음을 탄식하기보다는 노력이 부족함을 뉘우치는 것이 현명하다고 할 것이다. 뉴턴의 겸손과 에디슨의 노력이 그들이 이룬 발견 및 발명보다 더 귀중한 유산이라 생각된다.

김동길

1928~ . 평남 맹산에서 출생. 연세대학교 영문과를 거쳐 미국 에번스빌 대학에서 역사학을 전공, 이어 보스턴대 대학원에서 미국사를 전공한 후 철학박사 학위를 받았다. 수상집으로 《길은 우리 앞에 있다》, 《대통령의 웃음》, 《링컨의 일생》, 《하늘을 우러러》, 《역사의 언덕》, 《어떤 사람이기에》 등이 있다.

인생은 모험인데

아득한 그 옛날, 창조의 첫새벽부터 오늘에 이르기까지, 몇 차례의 빙하 시대를 거치면서 줄곧 흰 눈이 쌓여 있는 히말라야 산맥, 에베레스트의 정상을 기어오르는 사람이나, 사랑하는 아내와 아들딸에게 애절한 이별의 키스를 보내고 비좁은 우주선의 문을 열고 들어가 달나라로 향하는 우주 비행사 같은 소설의 주인공들만이 인생을 모험으로 사는 사람들이 아닙니다. 삶은 그 자체가 누구에게 있어서나 하나의 모험입니다.

세상에 태어나는 사실만은 우리들 자신의 의사와는 아무런 상관이 없습니다. 사랑하는 남녀의 정자와 난자의 결합은, 그 결합을 통해 삶을 얻는 우리들과의 사전 협의를 거치지 않고 결행된 그들의 일종 모험이었습니다.

"너는 70년대 역사의 소용돌이 속에서 살기를 원하느냐, 안 원하느냐!"

이런 질문으로써 우리들의 의사를 타진해 본 부모는 단 한 사람도 없었습니다.

그러나 내 뜻은 완전히 무시된 채, 나의 아버지와 어머니는 사랑을 감행하였습니다. 그 모험의 결과로 내가 오늘날 이 시대를 살고 있는 것입니다. 이런 비리는 누구에게나 다 적용되는 공통적인 비극의 씨앗입니다.

철없는 시절에도 아슬아슬한 고비는 으레 한두 번 겪게 마련입니다. 내게도 그런 위기가 없지는 않았습니다. 나는 두서너 살 때 시골 내 고향의 개울에 빠져서 동동 떠내려가는 별난 경험을 하였다지만, 내 기억의 수첩에는 아무런 기록이 남아 있지 않습니다. 다섯 살 때인가는 사직 공원 공사 현장에 놀러 갔다가 축대용으로 실어다 둔 모진 돌 위를 달리다 그만 넘어져 이마에 큰 상처를 입은 일이 있었습니다. 그 자국은 아직도 내 이마의 한 구석을 차지하고 있습니다.

부모라는 울타리 안에서라 하더라도 삶이 모험인데 그 울타리 밖으로 나서는 순간부터 모험의 성격은 아주 달라집니다. 선택의 자유가 있다는 말은 생각하기에 따라서는 매우 엄청난 모험의 가능성을 시사합니다. 갑과 을이 있는데, 갑이 있는 줄을 모르고 을만 알거나 을이 있는 줄을 모르고 갑만 아는 동안은 삶이 단순하기 그지없지만, 선택할 수 있는 대상이 많고, 다양하면 할수록 삶은 복잡해지고 모험은 점점 불가피한 것이 됩니다.

오늘날처럼 중등 교육이 평준화된 시대에는 어느 고등학교에 가느냐는 별 큰 문제가 아니지만, 고등학교를 마치고 무슨 대학의 무슨 과나 어느 계열을 택하느냐가 그 젊은이에게는 문자 그대로 크나큰 모험입니다. 시골의 가난한 농가나 도시 변두리의 초라한 판잣집에 태어나 대학은 엄두도 못 내는 처지라면 별문제이지만, 부모가 크게 잡아 중류 정도의 생활을 하는 집안에서는 아들딸의 예비 고사, 대학 입시가 식구 전체의 목숨을 건 일대 모험이라고 해도 과언은 아닙니다.

그 모험이 과연 값있는 모험이냐 아니냐 하는 문제는 달리 논의가 되어야 하겠지만, 대학 입시가 모험이 아니라고 우기기는 어려울 것 같습니다. 옛날, 과거를 보기 위해 봇짐을 해서 지고 대관령 고갯길을 숨가쁘게 넘어 한양성을 향해 피곤한 발걸음을 옮기던 강릉의 어느 양반집 도련님에게 있어 그 길이 모험의 길이었던 것처럼, 오늘 대학 입시 준비로 밤잠도 제대로 못 자는 여고생에게 있어서도 이것이 인생의 첫 모험인 것만은 사실입니다.

사랑이 모험이라고 한다면 믿으려 하지 않을 사람들도 있을 겁니다. 그런데 따지고 보면, 사랑처럼 엄청난 모험이 또 어디 있겠습니까? 남자가 여자의 손을 쥐어 보고 여자가 그 손을 뿌리치지 않은 데서부터 인생의 최대의 모험에 발동이 걸립니다. 문제는 손이지요. 잡는 손, 잡히는 손에서부터 아담이 이브의 손을 잡아 볼까말까 망설이다가, 또 이브가 아담의 손을 뿌리칠까말까 망설이다가, 잡고 잡히는 그 두 손에 통하는 감미로운 전류 때문에 오늘의 우리들이 태어나게 된 것입니다.

사랑의 기쁨은, 사랑의 감격은, 두 팔로 으스러지도록 껴안는 폭풍 속에 피는 꽃이 아니고, 열렬한 입맞춤의 격정 속에 피는 꽃도 아니고, 단지 처음 잡아 보는 사랑하는 남녀의 손잡음의 따뜻한 온기 속에 피는 꽃입니다. 그런 사실을 처음 이야기한 스탕달은 과연 연애 심리의 대가였습니다.

베토벤은 교향곡을 듣다가 감동한 나머지, 서로 잡은 손들에 의하여 수많은 새 역사가 창조됐다 하지만, 남자와 여자가 피차에 손을 잡는 것이 엄청난 모험에의 초대임을 몰랐다고 한다면 그것도 이치에는 어긋나는 말이지요. 손을 잡는 모험이 결혼이라는 보다 큰 모험으로 이어지고, 결혼이 인생의 가장 중대한 사건이라고 예부터 일러 오는 까닭은 결혼이 인생의 최대의 모험이 되기 때문입니다. 행복을 꿈꾸며 젊은 남녀가 웨딩마치에 맞추어 예식장을 나올 때, 구름은 온통 장밋빛이고 오가는 행인들의 표정도 밝고 다정하게만 보이지만, 그들이 행복하게 평생을 살리라는 아무런 보장도 없으니, 모험은 모험입니다. 오늘 정다웁게 바라보는 애인의 얼굴의 젊은 매력이 앞으로 30년, 40년 그대로 있으리라고 보기는 어려우니 백년해로 굳은 맹세가 허황한 모험의 시작일 수도 있다는 말입니다.

일찍이 영국 시인 토머스 모어가 청춘의 꿈을 이렇게 노래하였지요.

> 믿어 주소서
> 나 지금 흥겹게 바라보는
> 그대의 젊은 매력
> 장차 시들어
> 선녀의 선물인 양 내 품 속에서
> 안개처럼 사라쳐 없어진대도
> 나 그대를 사랑하는 마음
> 그 어느 세월엔들 변함 있으랴
> 세월 가면 사랑스러움 시든다 해도
> 옛 추억만 새로운 님의 모습에
> 내 가슴의 푸른 꿈이 얽히어 오리라

세월은 흐르고 젊음은 시들어도 사랑하는 사람의 아름다움에는 아무런 변함이 없을 것을 다짐하는 순정의 노래처럼 인생이 굴러가지 않으니, 결국은 사랑의 결합이 행복이 아니라 불행이 되고 마는 겁니다. 그래서 '결혼은 사랑의 무덤'이라는 말도 있는 것이겠지요. 그렇다면 결혼은 모험입니다.

인간이란 원래 믿을 만한 존재가 아니므로 부모와 자식, 형과 아우 같은 혈연 관계 이외의 인간 관계는 다 일종의 모험이며, 따라서 불안한 관계입니다. 영국의 계관 시인이었던 테니슨은 '인 메모리엄'이라는 장시를 지어, 친구 아서 핼럼과의 아름다운 우정을 노래하고 그의 돌연한 죽음을 슬퍼하였습니다. 중국의 춘추 전국 시대에 살았던 관중과 포숙은 가난하던 시절부터 친구가 되어 후에 출세하여 부귀와 영화를 누리게 되었지만, 두 사람의 우정에는 변함이 없었다고 합니다. 그래서 관포지교라는 말이 생겼을 것입니다. 서양 사람들은 구약 성서에 나타나 있는 다윗과 요나단의 우의를 가장 아름답다고 찬양하고 있습니다. 요나단의 아버지 사울 왕은 백성들이 자기보다 다윗을 더 따르고 더 흠모하는 사실을 크게 시기하여 죽여 없애려고 끈질기에 그를 추적하였으나, 요나단은 끝까지 다윗을 사랑하고 돌보아 주었으므로 다윗은 마침내 이스라엘의 왕이 될 수 있었습니다.

그러나 친구를 얻고 사귀는 인생의 모험이 아름답게 끝나는 경우만을 생각할 수는 없습니다. 친구를 잘못 만나 인생을 망친 사람은 하나 둘이 아닙니다. 아마도 우정에 실패한 사람의 수가 성공한 사람의 수보다 몇 곱절 더 많으리라고 짐작합니다. 이 지구상에는 60억을 헤아리는 많은 사람들이 살고 있는데, 그 중에서 몇을 택하여 친구로 삼아 이 믿지 못할 세상을 사는 것이니, 그 선택을 모험이 아니라고 할 수는 없는 일입니다.

인생이란 결국 단 한 번의 도박이요, 모험이지만, 그 모험의 성격은 천차만별이라고 하였습니다. 대학 진학에서부터 사랑과 결혼에 이르기까지 사람의 하는 일이 다 모험이지만, 훨씬 높은 차원에서 삶의 모험을 감행하는 영웅호걸이 이 역사의 탁류를 헤치고 더러 나타나는 것이 사실입니다. 종교 개혁의 횃불을 높이 들어 인류 역사의 갈 길을 밝혔다고도 할 만한 독일 아이슬레벤의 광부의 아들 마르틴 루터가 바로 그런 인생의 모험의 주인공 가운데 한 사람입니다.

그는, 당시 교황이던 레오 10세의 명을 받들어 루터가 살던 비텐베르크 지방에 와서 면죄부를 파는 데 열을 올리던 탯젤이라는 자가 죄없는 민중을 속여 돈을 빼앗아 가는 사실을 가슴 아프게 생각하고, 1917년 10월 31일 '95개조'의 비위 사실을 적어 비텐베르크 캐슬교회의 대문에다 붙임으로써 천 년의 전통과 권위를 자랑하던 중세 로마 가톨릭교회에 정면으로 도전하는 모험의 소용돌이 속으로 뛰어들었습니다. 오늘날 교회의 처사를 반대하고 나서는 사람들의 모험이란 그리 대단할 것도 없지만, 그 시절에 교회의 권위에 도전한다는 것은 목숨을 거는 아슬아슬한 모험이었습니다. '사람의 죄를 용서할 수 있는 권한이 하느님에게만 있다면, 면죄부를 사기만 하면 지은 죄가 다 소멸된다는 주장은 용납될 수 없다.' 그의 이 한 마디가 중세의 교회와 교황청의 권위를 밑바닥부터 뒤흔들게 되었으니 루터의 신변이 안전할 리 없었습니다.

이 때 신성 로마 제국의 황제였던 찰스 5세는 보름스에 제국 회의를 소집하고 루터의 출석을 명령하였습니다. 그러나 그 당시 그 험악한 공기가 감돌던 라인 강변의 옛 도시 보름스를 찾아간다는 것은 루터로서는 목숨을 거는 일생 일대의 모험이었습니다. 친구도 말리고 친척도 말리고 선배도 말리고 후배도 말렸습니다.

"가면 살아 돌아오기 어려우리라!"

그래도 루터는 사자굴과도 같은 그 제국 회의에 자기가 반드시 참석해야 한다는 자신의 결심을 굽히려 하지 않았습니다.

"비록 악마의 수가 보름스의 모든 집들의 기왓장의 수보다 더 많다 하여도 나는 간다!"

그의 결심은 확고부동이었습니다. 그는 이 위대한 모험에 목숨을 걸었던 것입니다. 그 모험 때문에 오늘의 우리가 있습니다.

이 어려운 시대를 사는 이 땅의 젊은이들에게 이렇게 묻고 싶습니다.

"그대는 무슨 일에 목숨을 걸고자 하는가?"

인생이 모험임을 잊어서는 안 될 일입니다.

전숙희

1919~ . 함경남도 협곡군에서 태어났다. 이화여자고등학교를 거쳐 이화여자전문학교 문과를 나왔다. 수필의 특징은 여성의 심리를 조촐한 필치로 표현한 데 있다. 대표작으로 〈탕자의 변〉, 〈고생기〉, 〈흰눈이 날리던 날〉, 〈학문의 매력〉, 〈여자된 기쁨〉 등이 있다.

설

설이 가까워 오면, 어머니는 가족들의 새 옷을 준비하고 정초 음식 차리기를 서두르셨다.

가으내 다듬이질을 해서 곱게 매만진 명주로 안을 받쳐 아버님의 옷을 지으시고, 색깔 고운 인조견을 떠다가는 우리들의 설빔을 지으셨다. 우리는 그 옆에서, 마름질하다 남은 헝겊 조각을 얻어 가지는 것이 또한 큰 기쁨이기도 했다. 하루 종일 살림에 지친 어머니는, 그래도 밤늦게까지 가는 바늘에 명주실을 꿰어 한 땀 한 땀 새 옷을 지으셨다. 우리는 눈을 비벼 가며 들여다보다가 잠이 들었다.

착한 아기 잠 잘 자는 베갯머리에
어머님이 홀로 앉아 꿰매는 바지
꿰매어도 꿰매어도 밤은 안 깊어.

잠든 아기는 어머니가 꿰매 주신 바지를 입고 산줄기를 타며 고함도 지를 것이다. 우리는 설빔을 입고 널 뛰는 꿈도 꾸었다.

설빔이 끝나면 음식으로 접어든다. 역시 즐거운 광경들이었다.

어머니는 미리 장만해 둔 엿기름가루로 엿을 고고 식혜를 만드셨다. 아궁이에서 통장작불이 활활 타고, 쇠솥에선 커피색 엿물이 설설 끓었다. 그러면 이제 정말 설이구나 하는 실감으로 내 마음은 온통 그 아궁이의 불처럼 행복하게 타올랐다. 오래오래 달인 엿을 식혀서는 강정을 만들었다. 검정콩은 볶고, 호콩은 까고, 깨도 볶아 놓았다가, 둥글둥글하게 콩강정도 만들고 깨강정도 만들었다. 소쿠리에 강정이 수북이 쌓이면서 굳으면, 어머니는 독 안에다 차곡차곡 담으셨다.

수정과를 담그는 일도 쉽진 않다. 우선 감을 깎아 가으내 말려서 곶감을 만들어 두어야 한다. 알맞게 건조한 곶감은 바알갛게 투명하기까지 하고, 혀끝에 녹는 듯한 감칠맛이 있다. 이것을 향기로운 새앙물에 띄우고, 한약방에서 구해 온 계피를 빻아 뿌리는 것이다.

빈대떡도 손이 많이 가는 음식이다. 우선 녹두를 맷돌로 타서 물에 불려 거피를 내고 다시 맷돌에 곱게 갈아, 돼지고기와 배추김치도 알맞게 썰어 넣은 다음, 넉넉하게 기름을 두르고 부쳐 내는 것이다. 며칠씩 소쿠리에 담아 놓고 손님 상에 내놓기도 좋거니와, 솥뚜껑에 푸짐히 부쳐 가며 온 가족이 둘러 앉아 먹는 것도 별미였다.

그러나 정초 음식의 주제는 역시 흰떡이다. 쌀을 물에 담갔다가 잘 씻고 일어선 차례로 쪄내고, 앞뜰에 떡판을 놓고는 장정 두어 사람이 철컥철컥 쳤다. 떡판에선 김이 무럭무럭 올랐고, 우리들은 군침이 돌았다. 장정들이 떡을 쳐내면 어머니는 밤을 새워 떡가래를 뽑고, 알맞게 굳으면 이것을 써셨다. 그리고 세배꾼이 오는 대로 맛있는 떡국을 끓이고, 부침개며 나물이며 강정이며 수정과며 한 상씩 차려 내셨다.

나는 지금도 설날이 되면, 어머니 옆에서 설빔이 되기를 기다리던 그 초조한 기쁨, 엿을 고고 강정을 만들고 수정과를 담그고 흰떡을 치던 모습, 빈대떡 부치던 냄새, 이런 흐뭇한 기억이 되살아나 향수에 잠긴다.

　우리 어머니들은 설빔 하나 만드는 데도, 설상 하나 차리는 데도 이처럼 수많은 절차를 거치고, 알뜰한 정성과 사랑을 쏟아 가족을 돌보고 이웃을 대접했다. 그런데 지금의 우리들은 어떤가?

　기성복상에는 항상, 맞춘 것 이상으로 척척 들어맞는 옷들이 가득 차 있으니, 언제든지 돈만 들고 나가면 당장에 몇 벌이라도 골라 입을 수 있다. 설이 돌아와도 여자가 그의 남편이나 아이들을 위해서 밤새워 옷을 지을 필요가 없게 되었다. 식료품상에는 다 만든 강정이 쌓여 있고, 다 갈아 놓은 녹두도 있다. 아니, 빈대떡도 얼마든지 살 수 있다. 흰떡도 치거나 뽑을 필요가 없이, 쌀만 일어 가지고 가면 금방 떡가래를 찾아올 수 있다.

　세상이 모두 기계화되었으니, 필요한 것은 돈과 시간뿐이요, 솜씨나 노력이나 정성이나 사랑이 아니다. 참으로 편리한 세상이 되었다. 그러나 그 '편리' 속에 짙은 향수가 겹치는 것은 무슨 까닭일까? 우리는 정작 귀한 것을 잃어 가고 있는 것은 아닐까?

　한국 여성들의 그 정성과 사랑을 우리는 이어받지 못하고 있다는 생각이 든다. 가족의 옷 한 가지 짓는 데도, 남편의 밥 한 그릇 마련하는 데도, 조상의 제사상 하나 차리는 데도, 이웃에 부침개 한 접시 보내는 데도, 우리 여성들은 말할 수 없는 정성과 사랑을 바쳤다. 옛날의 우리 의생활과 식생활은 여성들의 무한한 노고와 인내를 요구하는 것이었지만, 우리 여성들은 오로지 정성과 사랑으로, 노고를 노고로 알지 않고, 인내를 인내로 알지 않았다. 밤새도록 시어머니의 버선볼을 받던 며느리, 손 시린 한겨울에도 찬물을 길어다 흰 빨래를 하고 풀을 먹이고 다듬이질을 하고, 희미한 호롱불 밑에서 바느질을 하던 아내와 어머니, 한국 여인들의 그 아름다운 마음씨를 누가 감히 따를 수 있을까?

오늘의 우리는 그들의 마음을 잃어 가고 있다. 마음을 잃어 가고 있으므로 생활도 잃어 간다. 아침이면 뿔뿔이 헤어지고, 저녁에 모여선 빵과 통조림으로 끼니를 때우고, 텔레비전 앞에서 대화 없는 몇 시간을 지내다간 또 뿔뿔이 헤어져 잠자리에 드는 사람들도 많다. 편리하지만 참생활이 없다. 그래서 현대인은 고독한지도 모른다.

우리가 어려서 우리 어머니들에게서 느끼던 그 '어머니'를 오늘의 우리가 우리 아이들에게 느끼게 하지를 못한다. 사서 입히고 사서 먹이는 동안에 우리는 정성과 사랑이 식어 간 것이다. 뼈저린 고생이 없는 대신, 그 뒤에 오는 샘물 같은 기쁨도 없어졌다. 그래서 우리 아이들은 고독하게 자라는지도 모른다. '편리'도 중요하지만, 어떻게 뜨겁게 사느냐 하는 것이 더 중요하지 않을까?

새삼스럽게 옛날로 돌아가자는 것은 아니다. 다만, 우리 여성들이 보여 준 그 정성과 사랑의 며느리, 아내, 어머니의 마음만은 이어받자는 것이다. 아무리 기계화된 생활이라 할지라도 정성과 사랑은 쏟을 데가 있을 것이다. 이야말로 삭막해져 가는 우리의 생활을 인간다운 것으로 되돌리며, 현대인의 고독을 치유하는 길이리라. 아니, 이렇게 거창하게 말할 필요까지도 없다. 나의 남편과 아이들로 하여금, 고독을 모르는 기쁜 생활을, 행복을 누리게 하는 길이라고 믿자.

명절이 돌아오면, 나의 고독한 눈에 어머니가 어머니가 자꾸만 떠오른다.

신일철

1931~ . 중국 상하이에서 출생했으며, 고려대학교 대학원에서 철학박사 학위를 받았다. 저서로 《현대철학과 사회》, 《북한 주체철학 연구》, 《동학사상의 이해》, 《시장의 이해》 등이 있다.

수묵화의 행복론

달콤한 사탕을 먹던 입으로 사과를 한 입 베어 물었다. 심심하고 밍밍한 것이 영 맛이 없다. 강하게 단맛을 들여 놓은 입에 사과가 제 맛이 날 리가 없다. 사람의 미각은 달거나 맵고 짠 양념이 너무 강하면 음식의 제 맛을 볼 수 없게 되어 있다. 향신료의 강한 맛이 우리의 혀를 마비시켜 버리기 때문이다. 진한 양념으로 둔감해진 입맛으로는 음식의 감칠맛을 느낄 수 없는 것이 당연하다. 인생의 맛도 행복감도 이와 같다.

오늘날의 야단스러운 산업 문명 속에서 살다 보면 눈에 보이는 색깔들은 너무 강렬하고 현란스럽고, 귀에 들리는 음향도 고막이 찢어질 듯한 고음이라서, 그 속에서 농도 짙은 쾌감만 좇다 보면 섬세한 감각은 모두 잃고 만다. 항생제도 그 단위가 높고 강력한 것을 쓰다 보면 그보다 낮은 것은 전혀 듣지 않을 뿐 아니라, 점점 더 단위를 높여 가지 않으면 효력을 볼 수 없게 되어 버린다. 말초 신경을 자극하는 강력한 쾌락에 탐닉하게 된 현대인들은 즐거움도 행복도 좀처럼 느낄 수 없는 돌덩어리가 되어 가고 있는지도 모르겠다.

옛 시인들은 매일같이 뜨고 지는 달을 바라보고도 그 숱한 시상을 얻을 수 있었고, 예사로이 떨어지는 낙엽 소리에서 대자연의 리듬을 간취하였으며, 어디서나 흐르는 시냇물 소리를 베토벤의 교향곡보다 더 위대한 자연의 음악으로 감상할 수 있는 섬세한 귀를 가지고 있었다. 오늘의 우리들은 그래서 옛 사람보다 불행하다.

알베르 카뮈는 '인생은 부조리'라고 전제했다. 우리는 인생의 의미가 무엇인지 알지 못하면서도, 그러나 인생을 살지 않을 수 없다. 살면서도 내가 왜 살아야 하는지를 모른다는 부조리가 인생을 지루하고 따분한 권태의 연속으로 만드는 것이다. 산다는 것이 그저 시시하고 따분할 때가 정말로 많다. 월요일이 지나면 화요일, 그리고 수·목·금·토·일요일이 오고 다음에 또다시 월요일이 온다. 인생의 부조리에 대해서 카뮈는, 인생은 월·화·수·목·금·토·일, 월·화·수·목·금·토·일이라고 표현했다. 무의미한 요일의 명칭들이 돌고 도는 것과 같이 이처럼 의미 없는 지루한 삶의 쳇바퀴가 돌고 돈다. 무언가 신나는 일이 없을까, 화끈하게 재미가 쏟아지는 일이 없을까. 의미 있는 삶을 잃은 현대인들은 이 끈끈한 권태감을 잊게 해 줄 자극적인 흥분을 찾게 된다.

사람들은 대개 권태의 반대가 자극적인 흥분이라고 여긴다. 그래서 권태감을 쫓기 위해 흥분과 쾌락을 찾는다. 생활이 지루하고 허전해지면 어디서든 짜릿한 흥분을 얻으려고 애쓰는 것이다. 술을 마시기도 하고 허리가 무너져라 디스코를 추어도 보고 거금을 거는 도박판에서 밤을 지새우기도 한다. 심심증은 우리를 강력한 자극적 흥분에로 유혹한다. 그래서 심심증을 다스릴 자제력이 없는 사람은 그 노예가 되어 타락의 구렁텅이로 빠져드는 자신을 구해 낼 힘이 없는 것이다.

러셀이란 철학자는 미국의 교육을 돌아보고 나서, 지루한 공부 시간을 오래 참아 내는 훈련을 시키지 않는 점이 틀렸다고 비판했다. 별로 재미가 없는 것 같은 학습에서도 잔잔한 지적 만족감을 느끼며, 도서관에서 10여 시간을 꼼짝도 않고 참아 내는 학생을 길러 내야 한다는 것이다. 그의 행복론도 강력한 자극적 쾌락에 중독된 흥분 중독자는 불행하다는 충고로부터 시작된다.

우리 현대인을 불행케 하는 요인 중에서 가장 큰 것은 우리의 눈을 너무 즐겁게 해 주고 귀를 너무 자극하는 텔레비전 등의 오락 문화일 것이다. 화사한 쾌락에 탐닉하다 보면 그것이 끝난 뒤의 허전함과 따분함이 더욱 강해진다. 이것이 이른바 쾌락주의의 패러독스다. 너무 쾌감만 좇다 보면 불쾌감만 더 얻게 되는 이런 부조리의 굴레 속에 현대인들은 사로잡혀 있는 것이다.

우리 주변의 생활 문화는 온통 우리 안에 잠자고 있던 욕망을 깨워 내어 무엇에나 강한 욕구를 느끼게 만들고 또 그것을 충족시키지 못하는 데서 오는 욕구 불만에 시달리게 한다. 텔레비전의 화려한 장면들은 수많은 아내들의 욕구 불만을 선동하여 남편을 부정부패의 도박판으로 내몬다. 세일즈맨은 단 20분 간의 대화로 소비자가 처음에는 전혀 필요 없다고 생각한 상품을 꼭 필요한 것으로 착각하게 만들어 앞으로 10개월 동안 빚에 시달리게 할 계약서에 도장을 찍게 한다. 잠자던 욕구를 부채질하여 4천만 국민을 쉽사리 장기 채무자로 만들 수 있는 희한한 세상에서 우리는 살고 있다.

그래서 우리는 꼭 필요해서 물건을 사는 것이 아니라, 사는 행위에서 찰나적 쾌락을 얻기 위해 쇼핑을 하게 된다. 현대인은 온갖 행복을 다 잃고, 그 대신 쇼핑의 사이비 행복감에 목마른 사람들이 되어 가고 있는 것 같다. 크레디트 카드는 현금 없이도 쇼핑을 즐길 수 있는 간편함의 대가로 과잉 구매의 큰 짐을 지워 주는 유혹자로 돌변하기도 한다.

세상에는 욕구 불만을 해소시킬 수 있다는 새로운 물건들이 끊임없이 소개되고 있다. 그러나 병 주고 약 주는 격이라서, 소비자에게 만족을 준다는 물건들이 범람하고 있어도 욕구 충족의 상태는 좀처럼 얻어지지 않는다. 이런 메커니즘 속에서는 욕구 충족 자체가 언제나 임시적인 가짜의 만족이기 때문에, 조만간 더 큰 욕구 불만이 고개를 들어 더욱 단위가 높은 욕구 해소제가 등장하게 되고, 결국 소비자는 중독증에서 헤어나지 못하는 것이다. 스타는 높은 인기를 얻어 행복할 것이라고 생각한다면 대개는 잘못된 생각이다. 많은 스타들이 인기에 중독된 나머지 열광적인 인기가 계속되지 않으면 불행하게 느끼고, 또 보다 높은 인기에 대한 욕구 불만에 시달리다 보면 편안할 날이 없게 된다. 이 세상에서 가장 깊은 불만으로 괴로워하고 있는 것이 그들이다. 물론 마약 중독과 같이 권력에도 중독증이 있어서 높은 자리를 즐기다 보면 그에 대한 유혹을 뿌리치지 못하여 불명예스러운 결과를 초래하는 일도 허다하다.

이렇게 해서 보다 강력하고 짜릿한 욕구에 목마른 자기와 진정한 자기와의 격차가 커진다. 그 격차가 더욱 심해지면 진정한 자기는 따분하고 너절한 것 같고 차라리 버리고 싶은 귀찮은 존재가 된다. 신기루같이 자기를 기만해서 만든 과대 망상의 산물이 나 자신 속에서 진정한 나를 억압하고 나 자신을 잃은 상태에까지 몰아넣는다. 사이비 신을 모시다가 이 세상에서는 아무것도 성취하지 못한 광적인 유사 종교의 맹신자처럼 현대인은 거짓 욕구의 과잉 개발에 시달리며 거짓된 자기를 좇다가 진정한 자기를 살지 못하는 비극의 굴레를 짊어지고 있는 것이다.

자기를 찾아 헤매는 더욱 벅찬 인생 수양이 현대인에게는 더욱 절실해진다.

나는 그림은 잘 모른다. 산수화나 수묵화 같은 동양화의 감식안을 갖추지 못한 나 자신을 부끄러워하는 처지다. 그러나 어느 전시회에서, 검은색 하나만을 써서 그린 수묵화 앞에 섰을 때의 감동을 잊지 못한다. 현란한 컬러 텔레비전으로 오염된 나의 시각에 아직 마비되지 않은 신경 오라기가 몇 줄 남아 있었을까. 검정색 하나의 그 그림에는 기운이 넘치고 5색, 7색의 찬란한 채색화를 능가하는 그 무엇이 있음을 발견했다. 매화도 먹으로 그리고, 일필휘지로 힘차게 뻗은 난초 잎도 모두 검은색으로써 그 농담의 기미와 상징 기호 같은 준법으로 유감없이 그려 내고 있었다. 밖으로 나대는 외화에 인색해서인지, 그런 이의 가슴속 깊은 곳의 마음의 여운이 은근하게 옮아 온다. 자극성 있는 흥분 같은 야비한 것이 아니라 가슴속 깊은 곳에서 잔잔한 법열을 일으키는 귀한 감동이 있다.

오래 잊었던 잔잔한 호수의 거울같이 평정한 행복감이 수묵화에서 나에게 다가온다. 병든 현대인에게는 고요한 마음으로 참다운 자기를 되찾게 해 주는 수묵화의 행복론이 인생의 내면을 살찌게 해 주는 보약이 되지 않을까.

1911~1991년. 평북 의주 출생. 1932년 일본 니혼 대학 문과를 중퇴하였다. 단편
〈졸곡제〉가 《동아일보》 신춘문예에 입선하고, 1927년 단편 〈성황당〉이 《조선일보》 신춘문
예에 당선되어 데뷔했다. 저서로는 《소설 손자병법》을 비롯해, 수필집 《비석과 금강산의
대화》 등 이 있다.

산정무한

　이튿날 아침, 고단한 마련해선(것치고는) 일찌감치 눈이 떠진 것은 몸
에 지닌 기쁨이 하도 컸던 탓이었을까. 안타깝게도 간밤에 볼 수 없던
영봉들을 대면하려고 새댁같이 수줍은 생각으로 밖에 나섰으나, 계곡은
여태 짙은 안개 속에서, 준봉은 상기 깊은 구름 속에서 용이하게 자태
를 엿보일 성싶지 않았고, 다만 가까운 데의 전나무, 잣나무들만이 대장
부의 기세로 활개를 쭉쭉 뻗고, 하늘을 찌를 듯이 솟아 있는 것이 눈에
뜨일 뿐이었다.

　모두 근심 없이 자란 나무들이었다. 청운의 뜻을 품고 하늘을 향하여
밋밋하게 자란 나무들이었다. 꼬질꼬질 뒤틀어지고 외틀어지고 한 야산
나무밖에 보지 못한 눈에는 귀공자와 같이 기품이 있어 보이는 나무들
이었다.

　조반 후 단장 짚고 험난한 전정을 웃음경삼아 탐승의 길에 올랐을 때
에는, 어느덧 구름과 안개가 개어져 원근 산악이 열병식하듯 점잖이들
버티고 서 있는데, 첫눈에 비치는 만산의 색소는 홍! 이른바 단풍이란
저런 것인가 보다 하였다.

만학천봉이 한바탕 흐드러지게 웃는 듯, 산색은 붉을 대로 붉었다. 자세히 보니, 홍만도 아니었다. 청이 있고, 녹이 있고, 황이 있고, 등이 있고, 이를테면 산 전체가 무지개와 같이 복잡한 색소로 구성되었으면서, 얼른 보기에 주홍만으로 보이는 것은 스펙트럼의 조화던가?

복잡한 것은 색만이 아니었다. 산의 용모는 더욱 다기하다. 혹은 깎은 듯이 준초하고, 혹은 그린 듯이 온후하고, 혹은 막잡아 빚은 듯이 험상궂고, 혹은 틀에 박은 듯이 단정하고…… 용모, 풍취가 형형색색인 품이 이미 범속이 아니다.

산의 품평회를 연다면, 여기서 더 호화로울 수 있을까? 문자 그대로 무궁무진이다. 장안사 맞은편 산에 울울창창 우거진 것은 모두 잣나무뿐인데, 모두 이등변 삼각형으로 가지를 늘어뜨리고 섰는 품이, 한 그루 한 그루의 나무가 흡사히 괴어 놓은 차례탑 같다. 부처님은 예불상만으로는 미흡해서, 이렇게 자연의 진수성찬을 베풀어 놓으신 것일까? 얼른 듣기에 부처님이 무엇을 탐낸다는 것이 천만부당한 말 같지만, 탐내는 그것이 물욕 저편의 존재인 자연이고 보면, 자연을 맘껏 탐낸다는 것이 이미 불심이 아니고 무엇이랴.

장안사 앞으로 흐르는 계류를 끼고 돌면 몇 굽이의 협곡을 거슬러 올라가니, 산과 물이 어울리는 지점에 조그마한 찻집이 있다.

다리도 쉴 겸, 스탬프북을 한 권 사서, 옆에 구비된 기념인장을 찍으니, 그림과 함께 지면에 나타나는 세 글자가 명경대! 부앙하여 천지에 참괴함이 없는 공명한 심경을 명경지수라고 이르나니, 명경대란 흐르는 물조차 머무르게 하는 곳이란 말인가! 아니면 지니고 온 악심을 여기서만은 정하게 하지 아니하지 못하는 곳이 명경대란 말인가! 아무러나 아름다운 이름이라고 생각하며 찻집을 나와 수십 보를 바위로 올라가니, 깊고 푸른 황천담을 발 밑에 굽어보며 양공에 외연히 솟은 층암 절벽이 우뚝 마주 선다. 명경대였다. 틀림없는 화장경 그대로였다. 옛날에 죄의 유무를 이 명경에 비추면, 그 밑에 흐르는 황천담에 죄의 영자가 반영되었다고 길잡이는 말한다. 명경! 세상에 거울처럼 두려운 물건이 다신들 있을 수 있을까. 인간 비극은 거울이 발명되면서 비롯했고, 인류 문화의 근원은 거울에서 출발했다고 하면 나의 지나친 억설일까? 백 번 놀라도 유부족일 거울의 요술을 아무런 두려움도 없이 일상으로 대하게 되었다는 것은, 또 얼마나 가경할 일인가!

신라조 최후의 왕자인 마의 태자는 시방 내가 서 있는 바로 이 바위 위에 꿇어 엎드려, 명경대를 우러러보며 오랜 세월을 두고 나무아미타불을 염송했다니, 태자도 당신의 업죄를 명경에 영조해 보시려는 뜻이었을까! 운상기품에 무슨 죄가 있으랴만, 등극하실 몸에 마의를 감지 않으면 안 되었다는 것이 이미 불법이 말하는 전생의 연일는지 모른다.

두고 떠나기 아쉬운 마음에 몇 번이고 뒤를 돌아다보며 계곡을 돌아나가니, 앞으로 염마처럼 막아 서는 웅자가 석가봉, 뒤로 맹호같이 덮누르는 신용이 천진봉! 전후 좌우를 살펴봐야 협착한 골짜기는 그저 그뿐인 듯, 진퇴유곡의 절박감을 느끼며 그대로 걸어 나가니, 간신히 트이는 또 하나의 협곡!

몸에 감길 듯이 정겨운 황천강 물줄기를 끼고 돌면, 길은 막히는 듯 나타나고, 나타나는 듯 막히고, 이 산에 흩어진 전설과, 저 봉에 얽힌 유래담을 길잡이에게 들어 가며 쉬엄쉬엄 걸어 나가는 동안에, 몸은 어느덧 심해같이 유수한 수목 속을 거닐고 있음을 깨닫게 된다.

천하에 수목이 이렇게도 지천으로 많던가! 박달나무, 엄나무, 피나무, 자작나무, 고로쇠나무……, 나무의 종족은 하늘의 별보다도 많다고 한 어느 시의 구절을 연상하며 고개를 드니, 보이는 것이라고는 그저 단풍뿐, 단풍의 산이요 바다다.

산 전체가 요원 같은 화원이요, 벽공에 외연히 솟은 봉봉은 그대로가 활짝 피어오른 한 떨기의 꽃송이다. 산은 때아닌 때에 다시 한 번 봄을 맞아 백화 난만한 것일까? 아니면, 불의의 신화에 이 봉 저 봉이 송두리째 붉게 타고 있는 것일까? 진주홍을 함빡 빨아들인 해면같이, 우러러볼수록 찬란하다.

산은 언제 어디다 이렇게 많은 색소를 간직해 두었다가, 일시에 지천으로 내뿜는 것일까?

단풍이 이렇게까지 고운 줄은 몰랐다. 김 형은 몇 번이고 탄복하면서 흡사히 동양화의 화폭 속을 거니는 감흥을 그대로 맛본다는 것이다. 정말 우리도 한 떨기 단풍에 지나지 않아 보인다. 다리는 줄기요, 팔은 가지인 채, 피부는 단풍으로 물들어 버린 것 같다. 옷을 훨훨 벗어 꽉 쥐어짜면, 물에 헹궈 낸 빨래처럼 진주홍 물이 주르르 흘러내릴 것만 같다.

그림 같은 연화담 수렴폭을 완상하며, 몇십 굽이의 석계와 목잔과 철삭을 답파하고 나니, 문득 눈앞에 막아서는 무려 삼백 단의 가파른 사다리——한 층계 한 층계 한사코 기어오르는 마지막 발걸음에서 시야는 일망무제로 탁 트인다. 여기가 해발 오천 척의 망군대——아! 천하는 이렇게도 광활하고 웅장하고 숭엄하던가!

이름도 정다운 백마봉은 바로 지호지간에 서 있고, 내일 오르기로 예정된 비로봉은 단걸음에 건너뛸 정도로 가깝다. 그 밖에도 유상무상의 허다한 봉들이 전시에 할거하는 영웅들처럼 여기에서도 불끈 저기에서도 불끈, 시선을 낮춰 아래로 굽어보니, 발 밑은 천인단애 무한제로 뚝 떨어진 황천 계곡에 단풍이 선혈처럼 붉다. 우러러보는 단풍이 새색시 머리의 칠보단장 같다면, 굽어보는 단풍은 치렁치렁 늘어진 규수의 붉은 치마폭 같다고나 할까. 수줍어 수줍어 생글 돌아서는 낮 붉힌 아가씨가 어느 구석에서 금방 튀어나올 것도 같구나!

저물 무렵에 마하연의 여사를 찾았다.

산중에 사람이 귀해서였던가. 어서 오십사고 상냥한 안주인의 기대도 은근하거니와, 문고리 잡고 말없이 맞아 주는 여관집 아가씨의 정성은 무르익은 머루알같이 고왔다.

여장을 풀고 마하연암을 찾아갔다. 여기는 선원이어서, 불경 공부하는 승려뿐이라고 한다. 크지도 않은 절이건만, 승려 수는 실로 삼십 명은 됨 직하다. 이런 심산에 웬 중이 그렇게 많을까?

　　無限靑山行欲盡 (한없는 청산 끝나려 하는데)
　　白雲深處老僧多 (흰 구름 깊은 곳에 노승도 많아라)

옛글 그대로다.

노독을 풀 겸 식후에 바둑이나 두려고 남포등 아래에 앉으니, 온고지정이 불현듯 새로워졌다.

"남포등은 참말 오래간만인데."

하며, 불을 바라보는 김 형의 말씨가 하도 따뜻해서, 나도 장난삼아 심지를 돋우었다 줄였다 하며, 까맣게 잊었던 옛 기억을 되살렸다. 그리운 얼굴들이 흐르는 물의 낙화 송이같이 떠돌았다.

밤 깊어 뜰에 나가니, 날씨는 흐려 달은 구름 속에 잠겼고, 음풍이 몸에 선선하다. 어디서 쏼쏼 소란히 들려오는 소리가 있기에 바람 소린가 했으나, 가만히 들어 보면 바람 소리만도 아니요, 물소리인가 했더니 물소리만도 아니요, 나뭇잎 갈리는 소린가 했더니 나뭇잎 갈리는 소리만은 더구나 아니다. 아마, 바람 소리와 물소리와 나뭇잎 갈리는 소리가 함께 어울린 교향악인 듯싶거니와, 어쩌면 곤히 잠든 산의 호흡인지도 모를 일이다.

뜰을 어정어정 거닐다 보니, 여관집 아가씨는 등잔 아래에 외로이 앉아서 책을 읽고 있다. 무슨 책일까? 밤 깊은 줄조차 모르고 골똘히 읽는 품이, 춘향이 태형 맞으며 백으로 아뢰는 대목일 것도 같고, 누명 쓴 장화가 자결을 각오하고 원한을 하늘에 고축하는 대목일 것도 같고, 시베리아로 정배 가는 카추샤의 뒤를 네프 백작이 쫓아가는 대목일 것도 같고…… 궁금한 판에 제멋대로 상상해 보는 동안에 산 속의 밤은 처량히 깊어 갔다.

자꾸 깊은 산 속으로만 들어가기에, 어느 세월에 이 골을 다시 헤어나 볼까 두렵다. 이대로 친지와 처자를 버리고 중이 되는 수밖에 없나 보다고 생각하며 고개를 돌이키니, 어느 새 구름을 타고 두리둥실 솟았는지, 군소봉이 발 밑에 절하여 아뢰는 비로봉 중허리에 나는 서 있었다. 여기서부터 날씨는 급격히 변화하여, 이 골짝 저 골짝에 안개가 자욱하고 음산한 구름장이 산허리에 감기더니, 은제 금제에 다다랐을 때, 기어이 비가 내렸다. 젖빛 같은 연무가 짙어서 지척을 분별할 수 없다. 우장 없이 떠난 몸이기에 그냥 비를 맞으며 올라가노라니까, 돌연 일진 광풍이 어디서 불어 왔는지, 휙 소리를 내며 운무를 몰아 가자, 은하수같이 정다운 은제와, 주홍 주단 폭같이 늘어놓은 붉은 진달래 단풍이 몰려가는 연무 사이로 나타나 보인다. 은제와 단풍은 마치 이랑이랑으로 섞바꾸어 가며 짜 놓은 비단결같이 봉에서 골짜기로 퍼덕이며 흘러내리는 듯하다. 진달래꽃보다 단풍이 배승함을 이제야 깨달았다.

오를수록 우세는 맹렬했으나, 광풍이 안개를 헤칠 때마다 농무 속에서 홀현홀몰하는 영봉을 영송하는 것도 가히 장관이었다.

산마루가 가까울수록 비는 폭주로 내리붓는다. 만이천 봉이 단박에 창해로 변해 버리는 것일까? 우리는 갈데없이 물에 빠진 쥐 모양을 해

가지고 비로봉 절정에 있는 찻집으로 찾아드니, 유리창 너머로 내다보고 섰던 동자가 문을 열어 우리를 영송하였고, 벌겋게 타오른 장독 같은 난로를 에워싸고 둘러앉았던 선착객들이 자리를 사양해 준다. 인정이 다사롭기 온실 같은데, 밖에서는 몰아치는 빗발이 어느덧 우박으로 변해서 창을 때리고 문을 뒤흔들고 금시로 천지가 뒤집히는 듯하다. 용호가 싸우는 것일까? 산신령이 대노하신 것일까? 경천동지도 유만부동이지, 이렇게 만상을 뒤집을 법이 어디 있으랴고, 간장을 죄는 몇 분이 지나자, 날씨는 삽시간에 잠든 양같이 온순해진다. 변환도 이만하면 극치에 달한 듯싶다.

비로봉 최고점이라는 암상에 올라 사방을 조망했으나, 보이는 것은 그저 뭉게뭉게 피어오르는 운해뿐, ——운해는 태평양보다도 깊으리라 싶었다. 내·외·해 삼 금강을 일망지하에 굽어 살필 수 있다는 한 지점에서 허무한 운해밖에 볼 수 없는 것이 가석하나, 돌이켜 생각건대 해발 육천 척에 다시 신장 오 척을 가하고 오연히 저립(우두커니 머물러 섬)해서, 만학천봉을 발 밑에 꿇어 엎드리게 하였으면 그만이지, 더 바랄 것이 무엇이랴.

마음은 천군만마에 군림하는 쾌승장군보다도 교만해진다.

비로봉 동쪽은 아낙네의 살결보다도 흰 자작나무의 수해였다. 설 자리를 삼가, 구중심처가 아니면 살지 않는 자작나무는 무슨 수중의 공주이던가! 길이 저물어 지친 다리를 끌며 찾아든 곳이 애화 맺혀 있는 용마석——마의 태자의 무덤이 황혼에 고독했다. 능이라기에는 너무 초라한 무덤——철책도 상석도 없고, 풍림에 시달려 비문조차 읽을 수 없는 화강암 비석이 오히려 처량하다.

무덤가 비에 젖은 두어 평 잔디밭 테두리에는 잡초가 우거지고, 석양이 저무는 서녘 하늘에 화석된 태자의 애기 용마의 고영이 슬프다. 무심히 떠도는 구름도 여기서는 잠시 머무르는 듯, 소복한 백화는 한결같이 슬프게 서 있고, 눈물 머금은 초저녁 달이 중천에 서럽다.

태자의 몸으로 마의를 걸치고 스스로 험산에 들어온 것은 천년 사직을 망쳐 버린 비통을 한몸에 짊어지려는 고행이었으리라. 울며 소맷귀 부여잡는 낙랑 공주의 섬섬옥수를 뿌리치고 돌아서 입산할 때에, 대장부의 흉리가 어떠했을까? 흥망이 재천이라, 천운을 슬퍼한들 무엇하랴만, 사람에게는 스스로 신의가 있으니, 태자가 고행으로 창맹에게 베푸신 도타운 자혜가 천 년 후에 따습다.

천 년 사직이 남가일몽이었고, 태자 가신 지 또다시 천 년이 지났으니, 유구한 영겁으로 보면 천 년도 수유(눈 깜박할 새)던가!

고작 칠십 생애에 희로애락을 싣고 각축하다가 한 움쿰 부토로 돌아가는 것이 인생이라 생각하니, 의지 없는 나그네의 마음은 암연히 수수롭다.

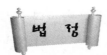

1932~ . 1954년 송광사에서 효봉 스님의 제자로 출가했다. 70년대 봉은사 다래헌에 거주하며 한글대장경 역경에 헌신하였고, 《불교신문사》 주필 등을 지내며 《영혼의 모음》, 《무소유》 등의 수상집을 펴냈다. 70년대 말 모든 공직을 버리고 송광사 뒷산에 스스로 불일암을 지어 칩거한 후 청빈의 도를 실천하며 '무소유'의 참된 가치를 널리 알렸다. 저서로 《서 있는 사람들》, 《물소리 바람소리》, 《산방한담》, 《무소유》, 《산에는 꽃이 피네》 등이 있다.

무 소 유

"나는 가난한 탁발승이오. 내가 가진 거라고는 물레와 교도소에서 쓰던 밥그릇과 염소젖 한 깡통, 허름한 요포 여섯 장, 수건, 그리고 대단치도 않은 평판 이것뿐이오."

마하트마 간디가 1931년 9월 런던에서 열린 제2차 원탁회의에 참석하기 위해 가던 도중 마르세유 세관원에게 소지품을 펼쳐 보이면서 한 말이다. K. 크리팔라니가 엮은 〈간디 어록〉을 읽다가 이 구절을 보고 나는 몹시 부끄러웠다. 내가 가진 것이 너무 많다고 생각되었기 때문이다. 적어도 지금의 내 분수로는.

사실, 이 세상에 처음 태어날 때 나는 아무것도 갖고 오지 않았었다. 살 만큼 살다가 이 지상의 적에서 사라져 갈 때에도 빈손으로 갈 것이다. 그런데 살다 보니 이것저것 내 몫이 생기게 된 것이다. 물론 일상에 소용되는 물건들이라고 할 수도 있다. 그러나 없어서는 안 될 정도로 꼭 요긴한 것들만일까? 살펴볼수록 없어도 좋을 만한 것들이 적지않다.

우리들이 필요에 의해서 물건을 갖게 되지만, 때로는 그 물건 때문에 적잖이 마음이 쓰이게 된다. 그러니까 무엇인가를 갖는다는 것은 다른 한편 무엇인가에 얽매인다는 것이다. 필요에 따라 가졌던 것이 도리어 우리를 부자유하게 얽어맨다고 할 때 주객이 전도되어 우리는 가짐을 당하게 된다는 말이다. 그러므로 많이 갖고 있다는 것은 흔히 자랑거리로 되어 있지만, 그마만큼 많이 얽히어 있다는 측면도 동시에 지니고 있는 것이다.

나는 지난해 여름까지 난초 두 분을 정성스레, 정말 정성을 다해 길렀었다. 3년 전 거처를 지금의 다래헌으로 옮겨왔을 때 어떤 스님이 우리 방으로 보내 준 것이다. 혼자 사는 거처라 살아 있는 생물이라고는 나하고 그 애들뿐이었다. 그 애들을 위해 관계 서적을 구해다 읽었고, 그 애들의 건강을 위해 하이포넥슨가 하는 비료를 바다 건너가는 친지들에게 부탁하여 구해 오기도 했었다. 여름철이면 서늘한 그늘을 찾아 자리를 옮겨 주어야 했고, 겨울에는 필요 이상으로 실내 온도를 높이곤 했다.

이런 정성을 일찍이 부모에게 바쳤더라면 아마 효자 소리를 듣고도 남았을 것이다. 이렇듯 애지중지 가꾼 보람으로 이른 봄이면 은은한 향기와 함께 연둣빛 꽃을 피워 나를 설레게 했고, 잎은 초승달처럼 항시 청청했었다. 우리 다래헌을 찾아온 사람마다 싱싱한 난을 보고 한결같이 좋아라 했다.

지난 해 여름 장마가 갠 어느 날 봉선사로 운허 노사를 뵈러 간 일이 있었다. 한낮이 되자 장마에 갇혔던 햇볕이 눈부시게 쏟아져 내리고 앞 개울물 소리에 어울려 숲 속에서는 매미들이 있는 대로 목청을 돋우었다.

아차! 이 때에야 문득 생각이 난 것이다. 난초를 뜰에 내놓은 채 온 것이다. 모처럼 보인 찬란한 햇볕이 돌연 원망스러워졌다. 뜨거운 햇볕에 늘어져 있을 난초잎이 눈에 아른거려 더 지체할 수가 없었다. 허둥지둥 그 길로 돌아왔다. 아니나다를까, 잎은 축 늘어져 있었다. 안타까워 안타까워하며 샘물을 길어다 축여 주고 했더니 겨우 고개를 들었다. 하지만 어딘지 생생한 기운이 빠져 버린 것 같았다.

나는 이 때 온몸으로 그리고 마음속으로 절절히 느끼게 되었다. 집착이 괴로움인 것을. 그렇다, 나는 난초에게 너무 집념해 버린 것이다. 이 집착에서 벗어나야겠다고 결심했다. 난을 가꾸면서는 산철에도 나그넷길을 떠나지 못한 채 꼼짝 못하고 말았다. 밖에 볼일이 있어 잠시 방을 비울 때면 환기가 되도록 들창문을 조금 열어 놓아야 했고, 분을 내놓은 채 나가다가 뒤미처 생각하고는 되돌아와 들여 놓고 나간 적도 한두 번이 아니었다. 그것은 정말 지독한 집착이었다.

며칠 후, 난초처럼 말이 없는 친구가 놀러 왔기에 선뜻 그의 품에 분을 안겨 주었다. 비로소 나는 얽매임에서 벗어난 것이다. 날 듯 홀가분한 해방감. 3년 가까이 함께 지낸 '유정'을 떠나 보냈는데도 서운하고 허전함보다 홀가분한 마음이 앞섰다. 이 때부터 나는 하루 한 가지씩 버려야겠다고 스스로 다짐을 했다. 난을 통해 무소유의 의미 같은 걸 터득하게 됐다고나 할까.

인간의 역사는 어떻게 보면 소유사처럼 느껴진다. 보다 많은 자기네 몫을 위해 끊임없이 싸우고 있는 것 같다. 소유욕에는 한정도 없고 휴일도 없다. 그저 하나라도 더 많이 갖고자 하는 일념으로 출렁거리고 있는 것이다. 물건만으로는 성에 차질 않아 사람까지 소유하려 든다. 그 사람이 제 뜻대로 되지 않을 경우는 끔찍한 비극도 불사하면서. 제정신도 갖지 못한 처지에 남을 가지려 하는 것이다.

소유욕은 이해와 정비례한다. 그것은 개인뿐 아니라 국가 간의 관계도 마찬가지. 어제의 맹방들이 오늘에는 맞서게 되는가 하면, 서로 으르

렁대던 나라끼리 친선사절을 교환하는 사례를 우리는 얼마든지 보고 있다. 그것은 오로지 소유에 바탕을 둔 이해 관계 때문인 것이다. 만약 인간의 역사가 소유사에서 무소유사로 그 향을 바꾼다면 어떻게 될까? 아마 싸우는 일은 거의 없을 것이다. 주지 못해 싸운다는 말은 듣지 못했다.

간디는 또 이런 말도 하고 있다. '내게는 소유가 범죄처럼 생각된다…….' 그가 무엇인가를 갖는다면 같은 물건을 갖고자 하는 사람들이 똑같이 가질 수 있을 때 한한다는 것. 그러나 그것은 거의 불가능한 일이므로 자기 소유에 대해서 범죄처럼 자책하지 않을 수 없다는 것이다. 우리들의 소유 관념이 때로는 우리들의 눈을 멀게 한다. 그래서 자기의 분수까지도 돌볼 새 없이 들뜨게 되는 것이다. 그러나 우리는 언젠가 한 번은 빈손으로 돌아갈 것이다. 내 이 육신마저 버리고 홀홀히 떠나갈 것이다. 하고많은 물량일지라도 우리를 어떻게 하지 못할 것이다.

크게 버리는 사람만이 크게 얻을 수 있다는 말이 있다. 물건으로 인해 마음을 상하고 있는 사람들에게는 한 번쯤 생각해 볼 말씀이다. 아무것도 갖지 않을 때 비로소 온 세상을 갖게 된다는 것은 무소유의 역리이니까.

먹어서 죽는다

우리 나라는 어디를 가나 온통 음식점 간판들로 요란하다. 도심에서 조금만 벗어나면 '가든'이 왜 그리도 많은지, 서너 집 건너마다 가든이다. 숯불 갈비집을 '가든'이라고들 부르는 모양이다. 사철탕에다 흑염소집, 무슨 연극의 제목 같은 '멧돼지와 촌닭집'도 심심찮게 눈에 띈다. 이 땅에서 이미 소멸해 버리고 없다는 토종닭을 요리하는 집도 버젓이 간판을 내걸고 있다. 게다가 바닷가에는 동해, 황해, 남해 가릴 것 없이 경관이 그럴 듯한 곳이면 횟집들이 다닥다닥 붙어 있다.

우리 나라 사람들이 이렇듯 먹을거리에, 그 중에서도 육식에 열을 올린 지는 그리 오래 된 일이 아니다. 1960년대 이래 산업화와 도시화의 영향으로 식생활이 채식 위주에서 육식 위주로 바뀌었다. 국민 건강이나 한국인의 전통적인 기질과 체질을 고려한다면, 육식 위주의 식생활은 결코 바람직하지 않다.

환경 운동가로 널리 알려진 제레미 리프킨은 《쇠고기를 넘어서》라는 책에서 개인의 건강을 위해서든, 지구 생태계의 보존을 위해서든, 굶주리는 사람을 위해서든, 동물 학대를 막기 위해서든 산업 사회에서 고기 중심의 식생활 습관은 하루빨리 극복되어야 한다고 역설하고 있다.

그가 인용한 자료에 따르면, 소와 돼지, 닭 등 가축들이 지구상에서 생산되는 곡물의 3분의 1을 먹는다고 한다. 미국에서 생산되는 곡물의 70% 이상이 가축의 먹이로 사용된다. 초식 동물인 소가 풀이 아닌 곡식을 먹게 된 것은 우리 시대에 일어난 일인데, 이런 사실은 농업의 역사에서 일찍이 없었던 새로운 현상이다. 오늘날 미국에서는 1파운드의 쇠고기를 생산하는 데 16파운드의 곡식이 들어간다고 한다. 고기 중심의 식사 습관이 이처럼 한정된 식량 자원을 낭비하고 있다.

가난한 제3세계에서는 곡식이 모자라 어린이를 비롯해서 수백만의 사람들이 굶주려 죽어 가는데, 산업화된 나라에서는 수백만이 넘는 사람들이 동물성 지방을 지나치게 섭취하여 심장병, 뇌졸중, 암과 같은 병으로 죽어 가고 있다.

미국 공중 위생국의 한 보고서에 따르면, 1987년에 사망한 210만 명의 미국인 중에서 150만 명은 지방의 지나친 섭취가 사망의 주요 원인이 되었다고 한다. 특히, 미국에서 둘째 번으로 흔한 질병인 대장암은 육식과 직접 관계가 있다고 한다. 또 다른 보고서에 따르면, 고기 소비와 심장 질환 및 암 발생이 서로 관련이 깊다고 한다. 쇠고기 문화권에서 심장병 발생률이 채식 문화권에서의 발병률보다 무려 50배나 더 높다는 것이다. 그러니 오늘날 미국인들과 유럽인들은 말 그대로 '먹어서 죽는다.'고 할 수 있다.

이와 같은 연구 사례를 읽으면서 내가 두려움을 느낀 것은, 요즈음 우리 나라에서도 어른·아이 할 것 없이 우리의 전통적인 식생활 습관을 버리고 서양식 식생활 습관을 그대로 모방하고 있다는 점이다. 병원마다 환자들로 초만원을 이루고 있는 원인이 어디에 있는지 우리는 곰곰이 생각해 보아야 한다. 먹어서 죽는 것은 미국인들과 유럽인들만이 아니다. 우리도 먹어서, 너무 기름지게 먹어서 죽을 수 있다.

리프킨의 책을 읽으면서 우리 인간이 얼마나 잔인하고 무자비한가를 같은 인간으로서 부끄러워하지 않을 수 없었다. 어린 수송아지들은 태어나자마자 거세된다. 좀더 순하게 만들고 고기를 연하게 하기 위해서이다. 그리고 비좁은 우리에서 짐승들끼리 상처를 입히지 않도록 하기 위해 쇠뿔의 뿌리를 태우는데, 소를 마취도 하지 않고 뿌리를 태우는 약을 사용한다. 그뿐만 아니라, 최소한의 시간에 최대한 빨리 성장하도록 성장 촉진 호르몬을 주사하거나 소한테 여러 약들을 먹인다. 또, 가두어 기르는 사육장은 질병이 발생하기 쉽기 때문에 항생제를 쓰는데, 특히 젖소들한테 많이 투여한다. 사람들이 먹는 쇠고기에 항생제 성분이 남아 있을 것은 뻔하다.

태어나자마자 거세되고 갖은 약물이 주입되는 소들은 옥수수, 사탕수수, 콩 같은 곡물을 먹게 되는데, 그 곡물들 또한 제초제로 절여진 것들이다. 현재 미국에서 사용하는 제초제의 80%가 옥수수와 콩에 살포된다고 한다. 말 못 하는 짐승들이 이런 곡식들을 먹으면, 그 제초제가 동물의 몸에 축적되고, 수입 쇠고기를 먹는 이 땅의 소비자들에게 그대로 옮겨진다. 미국 학술원의 국립 조사 위원회에 따르면, 제초제에 오염된 가축 중에서 소가 제1위이고, 살충제 오염으로는 제2위를 차지한다고 한다. 쇠고기에 남아 있는 제초제와 살충제로 인해 발암 위험이 높아지는 것은 더 말할 필요도 없다.

리프킨의 글을 읽으면서, 육식 위주의 요즈음 우리 식생활이 얼마나 어리석고 위태로운 먹을거리로 이루어져 있는가를 되돌아본다. 그의 글은 일찍이 우리가 농경 사회에서 익혀 온 식생활이 더없이 이상적이고 합리적이라는 사실을 깨우쳐 주고 있다. 우리는 그릇되게 먹어서 죽는 어리석음에서 벗어나야 한다.

서정범

1926~ . 충북 음성 출생. 한국적인 정서와 샤머니즘의 세계를 추구하는 작품을 썼으며, 〈미리내〉, 〈나비 이야기〉, 〈두견새〉, 〈꽃씨 이야기〉 등 동심세계를 추구하는 경향의 수필을 발표했다.

미 리 내

   내가 자란 시골에서는 보통학교 아이들이 기차를 본 횟수를 늘리기 위해 꼭두새벽에 일어나 달려가기도 하고, 기차를 보려고 밤늦게까지 기다리기도 한다. 그리고 기차에서 얼마큼 가까운 거리에 서 있었느냐가 큰 자랑거리였다. 하루는 셋이서 새로운 기록을 내려고 기차 오기를 기다렸다. 선로 가에 아이들이 있는 것을 보면 기적을 울리기 때문에 숨어 있다가 지날 때 바싹 다가서야 된다. 기차가 굽이를 돌아 나타났다. 뛰어나왔다. 뒤늦게 우리를 본 기관사는 고막을 찢을 듯한 기적을 울리며 지나간다. 가슴이 막 흔들린다. 순간, 기차에 빨려들어가는 것 같다. 현기증이 난다. 겁이 나서 물러선다는 게 뒤로 자빠져 머리를 찧었다.

   정신을 차렸을 때에는 함께 있던 사내애들은 온데간데없고, 언제 왔는지 은하가 울먹이며 옆에 있었다. 책보를 풀어 찬물에 적셔 머리에 대어 주고 있었다. 함께 있던 두 아이는 질겁해서 도망쳐 버렸다. 그 후로는 기차 꿈을 자주 꾸었다. 검은 연기를 뿜는 기차가 레일을 벗어나 논이고 밭이고 도망치는 나를 쫓아오는 바람에 깜짝 놀라 깨곤 했었다.

   은하라는 소녀는 나의 짝이었다. 우리 마을에서 오 리 가량 더 가야

되는 마을에 살았다. 청소나 양계 당번도 한반이고, 누룽지까지 가져와 나눠 먹는 사이였다. 은하가 하루는 자기 생일이라고 인절미를 싸 가지고 와서 공부 시간에 책상 밑으로 몰래 주었다. 선생님이 돌아보셨다. 난 고개를 못 들고 목이 메어 넘기지도 못하고 뱉지고 못하고 쩔쩔매었다.

학교에서 돌아오는 길이다. 은하와 나는 레일 양쪽 위에 올라서서 떨어지지 않고 걷기 내기를 하였다. 지는 편이 눈깔사탕 사 내기이다. 저녁놀을 등에 져서 그림자가 전신주만큼 퍽 길다.

"우리는 언제나 저 그림자같이 크나?"

내가 말했다.

"크지 않고 이대로면 좋겠다."

은하가 말했다.

"넌 크는 것 싫니?"

난 이상해서 물었다.

"싫지는 않지만 크면 헤어지게 되지 않니?"

은하의 대답이었다.

나는 은하의 눈을 바라보다가 그만 레일을 헛디뎠다. 그 날 눈깔사탕은 내가 샀다. 은하의 고운 눈동자도 이렇게 눈깔사탕같이 달까?

6학년으로 올라가는 봄방학이었다. 양계 당번이어서 학교엘 갔었다. 당번은 아홉 명인데 사내애가 여섯 명, 계집애가 세 명이었다. 그런데 계집애들은 코빼기도 나타내지 않는다. 알고 보니 뒷동산 양지바른 잔디밭에 앉아서 노래를 부르며 재잘거리고 있었다. 사내애들은 약이 좀 올랐다. 계집애들을 곯려 주기로 의논이 되었다. 뱀 허물을 뒷동산에서 찾아 내었다. 철사에 뱀 허물을 꿰어 계집애들의 길게 늘어뜨린 머리 타래에 꽂기로 한 것이다. 계집애들 앞에서 사내애들이 거짓 싸움을 벌였다. 나는 철사에 꿴 뱀 허물을 갖고 뒤로 몰래 기어들었다. 사내애들의 거짓 싸움은 더욱 커졌다. 계집애들은 사내애들의 싸움에 정신이 팔렸다. 그 기회를 이용해서 머리 타래에 꽂아 놓는 데 성공했다. 나는 돌아와서 사내애들의 싸움을 말리었다. 계집애들에게 선생님이 찾는다고 했다.

한 계집애가 일어나다 '뱀!' 하고 소리질렀다. '어디!' 한 계집애가 놀란다. 뱀 허물이 달려 있는 계집애는 비명을 지르며 쓰러졌다. 사내애들은 당황한 나머지 당번 선생님께 가서 계집애가 죽었다고 했다. 까무러쳤다는 일본말을 몰라서 그냥 죽었다고 한 것이다. 당번 선생님은 하야시라는 일본 선생님이었다.

선생님이 오셔서 팔다리를 주무르고 강심제 주사를 놓아 겨우 깨어나게 했다. 내 짝인 은하가 까무러친 것이다. 그 후 은하는 학교를 쉬게 되었다. 너무 놀라서 심장이 약해졌다는 것이다. 아무리 잘못했다고 해도 용서해 주지 않을 것 같았다. 은하의 고운 눈동자가 이제는 퍽 무섭게만 보일 것 같았다. 장난이 너무 심했다고 뉘우쳤다. 은하의 머리에 꽂지 않았으면 좋았을 것을 하고 몇 번이나 뉘우쳤다.

한 달이나 가까이 쉬다가 은하가 학교엘 나왔다. 핼쑥해졌다. 난 미안해서 어찌할 바를 몰랐다.

은하는 전과 다름없이 나를 대해 주었다. 고마웠다. 정말로 좋은 친구라고 생각되었다. 난 은하에게 사과하는 뜻에서 복숭아를 선물하기로 마음먹었다. 뒤뜰에 있는 복숭아를 몰래 따야 한다. 할아버지한테 들키면 꾸중이 이만저만이 아니다. 밤에 따서 학교 가는 길 옆 풀섶에 숨겨 두었다가 아침에 학교 갈 때 가져가리라. 베적삼을 한 손으로 움켜쥐고 한 손으로는 복숭아를 따서 맨살에 집어넣었다. 땀과 범벅이 되어 복숭아털이 가슴과 배에 박혔다. 따끔거리고 얼얼하고 화끈거려 잠을 이룰 수가 없었다. 앓는 소리도 못하고 밤새도록 혼자 끙끙거렸다. 그렇지만 은하가 복숭아를 받고 기뻐할 것을 생각하면 아무렇지도 않게 생각되었다.

졸업식을 며칠 앞두고 난 갑자기 고향을 떠나게 되었다. 내일 새벽차로 서울에 간다고 은하에게 말했다. 은하는 정말이냐고 물으며 퍽 섭섭해하였다. 이튿날 새벽, 숙부님과 함께 기차를 타려고 정거장엘 갔다. 간이 정거장이라 새벽, 밤에는 손님이 있다는 신호로 불을 놓아야 그 불빛을 보고 기차가 서는 것이다. 숙부님이 들고 간 짚단에 불을 놓고 나무 그루터기를 주워다 놓았다. 그런데 헐레벌떡 뛰어오는 소녀가 있었다. 은하였다. 어디 가느냐고 물었다. 배웅을 하러 나왔다는 것이다. 십 리나 되는 어두운 새벽길을 혼자서 온 것이다. 무섭지 않느냐고 했다. 늦어서 떠나는 걸 못 보면 어떡하나 하는 걱정뿐, 뛰어오느라고 몰랐다는 것이다. 눈깔사탕 한 봉지를 내게 주는 것이었다. 눈물이 나도록 고마웠다. 은하의 마음씨가 고 귀여운 눈동자같이 곱다고 여겨졌다. 우리들의 이야기를 듣고 계시던 숙부님이 빙그레 웃으신다. 나뭇등걸이 불이 붙어 불길은 더욱 확확 타올랐다.

사춘기에 접어들면서 은하는 나의 가슴 깊이 꿈과 별을 심어 놓았다. 계집애 하면 고 귀여운 별을 생각하고 그 별과 비교하게 되었다. 편지를 쓰고 찢기가 수백 번, 지금껏 소식 한 번 전하지 못한 '숙맥'인 나였지만 열일곱 살 땐가 여름방학에 친구를 따라 두메에 놀러 간 적이 있었다. 모닥불을 피워 놓고 멍석을 깔고 둘러앉아 피우는 이야기꽃도 재미있었지만, 모닥불에 묻어 놓은 옥수수와 감자를 꺼내 먹는 맛도 구수하였다. 이슥하여 동네 사람이 가고, 나는 멍석에 누워 하늘 가운데를 흐르는 은하수를 바라보며 고 귀여운 은하의 눈동자를 찾다가 그만 잠이 들어 버렸다.

검은 연기를 뿜는 기차가 레일을 벗어나며 달리고 있었다. 자세히 보니 기차가 아니고 용이었다. 가까이 다가오는 것을 보니 용이 아니고 뱀이었다. 이 뱀은 순식간에 허물만 남았다. 회오리바람이 불자 허물은 수만 수천의 반짝이는 별이 되어 은하수로 치솟아 올라가는 것이었다. 그러자 은하수에서는 홍수가 일어났다. 은하수의 별이 소나기같이 지구로 쏟아져 내 이마에 부딪치는 것이었다. 깜짝 놀라 꿈을 깨었다. 빗방울이 후드득 이마를 때리고 있었다.

이범선

1920~1981년. 평안남도 신안주 출생. 평양에서 은행원으로 근무하다가 광복 후 월남하여 1952년 동국대학교 국문학과를 졸업하였다. 창작집 《학마을 사람들》, 《오발탄》, 《피해자》, 《분수령》 등이 있다.

도편수의 긍지

'서울 담장이'라는 말이 있다. 그 말의 뜻인즉, '서울에서는 담을 쌓는 인부들이 꼭 둘이 함께 다니며 담 쌓는 일을 하는데, 그 담은 일꾼들이 자리를 뜨자마자 곧 무너질 만큼 되는대로'라는 것이다. 그래서 이들은 꼭 두 사람씩 같이 다닌단다. 담을 다 쌓고는 한 사람은 담이 무너지지 않도록 등으로 받치고 있고, 한 사람은 집주인한테 가서 돈을 받는단다. 그렇게 돈만 받아 쥐면, 두 일꾼은 그대로 골목 밖으로 달아나고, 그와 동시에 쌓은 담은 와르르 주저앉는다는 것이다.

이런 식으로 남의 일을 그저 되는대로 무책임하게 해 주는 사람을 가리켜 '서울 담장이'라고 한다. 이 이야기는 시골 사람들이 서울 사람들의 좋지 않은 점을 익살스럽게 풍자한 이야기에 지나지 않겠으나, 어쩌면 그것은 또 사실이기도 하다. 집에서 하수도를 수리한다든다가, 상수도를 끌어들인다든가, 그 밖에 무슨 자질구레한 일을 시켜 보면, 시골 사람들의 익살이 노상 근거 없는 것도 아니라는 생각이 들 때가 많다.

내가 살던 집에 하수도가 고장났을 때의 일이다. 하수도를 고치라고 사람을 불러서 수리를 했는데, 물이 빠져 나가는 게 아니라, 도리어 더러운 물이 안으로 흘러드는 것이었다. 그래서 이웃에 사는 그 사람을 다시 불러 이야기를 했더니 그 일꾼의 대답이 참 걸작이었다. '그거야 할 수 없지 않으냐? 토관을 묻기는 분명 묻었는데 물이 들어오는 걸 난들 어떻게 하겠느냐?' 하는 것이다. 나는 어이가 없어 다시 뭐라 할 말이 없었다. 하기야 그의 말대로 물이 들어오는 것으로 보아 토관을 묻은 것은 사실이니까. 하는 수 없이 딴 일꾼을 대어 파헤치고 다시 놓았다. 그랬더니 이번에는 물이 빠진다.

한번은 이런 일도 있었다. 어린애의 셔츠를 사러 상점에 들른 일이 있었다. 점원이 내놓은 물건이 집에 있는 어린애에게 좀 작을 것 같아 그것은 우리 애한테는 좀 작을 것 같으니 그보다 큰 것을 보여 달라고 했다. 그랬더니 그 상점에는 큰 것이 준비되어 있지 않은 모양인지 점원은 그 작은 셔츠를 그대로 권하면서 하는 말이 참 어처구니없었다.

"아, 요거면 꼭 맞을 텐데 공연히 그러시는군요."

도대체 나로선 처음 들어간 상점인데, 점원이 한 번도 본 적이 없는 남의 어린아이 몸집을 어떻게 알고 하는 말인지…….

우리 주변에는 이런 일이 너무 흔하다. 무책임! 그 말이나 행동이 무책임하기 이를 데 없다. 아니, 도무지 말이 되지 않는 수작을 눈도 하나 깜짝 안하고 거침없이 하는 것이다.

그에 비하면 옛 사람들은 얼마나 성실했는지 모른다. 여기 지금 그런 일꾼이나 상인과는 하늘과 땅 차이로 다른 한 목수 이야기가 있다. 나의 고향 집은 지은 지가 근 70, 80년이나 되는 고가였다. 어른들의 이야기에 의하면, 그 집은 그 당시에 상당히 이름을 떨쳤던 도편수가 지은 집이라고 했다. 바로 그 도편수의 이야기이다. 그 집을 짓고 8년째 되는 가을에 어쩌다 우리 집 부근을 다시 지나게 된 그 도편수가 사랑방을 찾아들어왔더란다. 그런데 그는 주인과 인사를 나누자마자 곧 두루마기를 벗어던지더니, 추에다 실을 매어 들고 집 모퉁이로 돌아가더라는 것이다. 무엇을 하는가 따라가 보았더니, 어떤가! 그 도편수는 한 눈을 지그시 감고 추가 드리워진 실을 한 손에 높이 쳐들고 서서 집 기둥을 바라보고 있더라는 것이다. 자기가 지은 집 기둥이 8년의 세월에 행여 기울어지지나 않았는가 염려하는 것이었다. 그렇게 기둥을 검사하고 난 도편수는 실을 거두며

"그럼 그렇지! 끄떡할 리가 있나?"

라고 하면서 늙은 얼굴에 만족한 웃음을 띠고 기둥을 슬슬 쓸어 보더라는 것이다. 어려서 할아버지한테서 들은 이야기이다. 나는 그 도편수의 이야기를 지금도 잊을 수가 없다.

자기 일에 대한 그 성실성, 책임감, 그리고 그 긍지! 부러운 일이라고 아니할 수 없다. 그 시대에는 그렇게 한가하게도 살아갈 수 있었으니까 하고 말하는 이도 있을지 모른다. 그러나 그건 어디까지나 사람의 정신 문제이지 바쁘고 한가한 문제가 아니지 않을까?

우리는 고적을 찾아갈 때마다 거기서 옛 사람들의 성실성을 발견한다. 그 예로 불국사 앞뜰의 탑을 들어도 좋다. 거기 좌우에 놓인 두 개의 돌탑, 그건 정말 종일 그 옆에 서 있어도 싫증이 나지 않는 그 무엇을 지니고 있다. 소박하면서도 어떤 위엄을 지니고 있는 석가탑, 마치 밀가루를 빚어 만든 것처럼 부드러워 안아 보고 싶은 다보탑. 그건 진정 예술품이다. 그런데 그 석가탑을 만든 석공 아사달과 그의 아내 아사녀의 전설은 또 얼마나 슬픈 일인가! 옛 사람들이라고 해서 그저 세월 좋아 한가했던 것만은 아니었다. 그들에게는 또 그들대로 그 당시의 고민이 있었던 것이다. 그러나 그들은 성실했다. 하다못해 무덤 앞에 망주석 하나, 상석 하나를 만들어 세우는 데에도 그들은 자기의 있는 힘을 다했고 성심껏 했던 것이다.

8년 만에 지나다 자기가 지은 집을 찾아드는 그 도편수의 성실성, 그

리고 무엇보다 먼저 기둥뿌리부터 검사하는 그 책임감, 거기에 이상이 없다는 것을 확인하고 만면에 미소를 띠는 그 긍지.

그에 비하여 토관은 분명 놓았으니 물이 안으로 흘러들든 물이 빠지든 그거야 내 알 바 아니라고 하는 그 인부와, 한 번도 본 일 없는 남의 어린아이 몸집을 제멋대로 추측하며, 어린아이 아버지가 작겠다는 옷을 꼭 맞을 거라고 우기는 이런 상인을 도대체 뭐라고 해야 할까?

이시형

1934~ . 경북대학교 의과대학을 졸업하고 미국 예일대학병원 연구원과 경북대 의대 교수를 거쳐 강북삼성병원장을 역임했다. 그 동안 《자신있게 사는 여성》, 《여자는 모른다》, 《배짱으로 삽시다》 등의 저서를 통해 자신있고 당당하게 살아가는 라이프 스타일을 강조해 왔다.

축복받은 성격

특강을 마치고 나오는 길이었다. 한 학생이 멈칫거리며 나에게 다가왔다. 자기 성격에 대해 상담을 하고 싶다는 것이다. 고개를 숙인 채 겨우 들릴 듯한 소리로 간청했다. 좀 바쁘긴 했지만 그의 표정으로 보아 절박한 사연인 듯싶어 차마 뿌리칠 수 없었다.

그는 대학원 학생인데, 성격상 다른 사람 앞에서 발표를 잘 못해 고민하고 있었다. 숙제라도 있는 날이면 걱정으로 잠을 이룰 수 없다고 했다. 자료 준비에서 정리, 연습까지 아무리 철저히 해도 자신이 없다는 것이다. 막상 자기 차례가 오면 어찌나 떨리는지 아는 것을 반도 발표하지 못하고, 그런 이유로 발표가 끝난 뒤에는 몹시 비참한 기분이 든다고 했다. 그리고 그런 자신이 미워진다는 것이다.

"선생님, 제 성격을 좀 바꿀 순 없을까요? 전 이것만 해결되면 아무 고민이 없습니다."

나는 그에게 조언을 해 주었다.

"천만에! 자넨 아직도 갈 길이 멀어. 그 성격 변하는 날 자네 발전도 끝날 것일세! 좀더 그대로 지녀야 하네."

그는 무슨 말인지 영 알아들을 수 없다는 표정이었다.

"생각해 봐. 자네는 영리해. 하지만, 그것만으로는 부족해. 노력이 있어야 하네. 문제는 그 노력이야. 무엇이 자네에게 그토록 노력하게 만들었나? 그건 자네의 그 성격 때문이야. 자네는 여러 사람 앞에 나서질 못해. 말도 잘 못하지. 자네 말처럼 내성적이야. 하지만, 그렇기 때문에 자네는 누구보다 공부를 열심히 하지 않았던가? 그래서 자넨 좋은 대학에도 합격했고, 교수 요원으로까지 추천을 받지 않았나 말일세. 떨리는 만큼 공부를 더 열심히 했던 것이지. 그게 자네를 오늘 이 시점까지 밀어 올린 거야. 자네의 그 성격은 자네에게 원수가 아니라 은인일세."

그는 내 이야기를 믿지 못하겠다는 듯 어리둥절한 표정이었다. 나는 내친 김에 내 이야기까지 하지 않을 수 없었다.

"자네는 아까 나처럼 당당하고 유창한 달변으로 연설할 수 없을까 하고 부러워했지? 그래, 난 하나를 알아도 마치 열이나 아는 것처럼 그럴듯하게 꾸며 댈 수 있어. 난 활발한 성격이라 조용히 있으면 오히려 좀이 쑤시고, 다른 이 앞에서 떨지도 않기에 열심히 준비를 안해도 된다네. 자넨 열을 알아도 하나를 표현 못한다니 그만큼 열심히 준비하지 않으면 안 되지. 그래서 자네는 고민이라지만, 생각해 보게. 이대로 십 년을 가면 자네와 나와의 실력 차이는 어떻게 되겠나?"

그제야 그는 고개를 끄덕였다.

"그 보물덩이 내향성을 바꾸다니, 천만의 말씀! 지금은 좀 귀찮고 불편하지만 그게 자네를 키워 주는 밑거름일세. 발표 때 정 떨리거든 떨린다고 솔직히 털어놓게. '선생님, 죄송합니다. 제가 소심해서…….' 라고 뒤통수를 긁어 봐. 장내에는 가벼운 웃음이 일겠지. 그런 자네를 교수는 이해하고 애교스럽게 봐 주실지언정 미워하진 않으실 걸세.

교수는 알아. 공부도 안한 학생이 말만 그럴듯하게 하는지, 실력은 있는데도 말주변이 없어 더듬대는 것인지를……. 교수님이 어느 학생을 더 신임하고 좋아할 것 같은가?"

그의 눈엔 뭔가 확신이 서는 듯했다. 내 두 손을 꼭 잡은 그의 큰 눈엔 눈물마저 고여 있었다.

"선생님, 그렇군요. 이젠 됐습니다. 알았습니다. 고맙습니다."

그는 바쁘게 인사를 하고 저만치 달아나고 있었다.

"자넨 훌륭한 교수가 될 거야."

내가 등 뒤로 한 소리를 그가 들은 것 같지는 않았다.

내향적인 사람은 자신이 없다. 어딘가 모자란 듯싶은 자기 부족감에 고민하고 있다. 적극성도 없고 매사에 용기도 없으니, 해 보기도 전에 패배감부터 든다. 이들이 열등감에 잘 빠지는 것도 이 때문이다. 내향적인 성격 때문에 정상적으로 사회 활동을 하지 못하고 깊은 수렁에 빠져 버리는 이들도 없진 않다. 하지만, 내향적인 사람 모두가 좌절의 늪에 가라앉는 것은 아니다. 그들 중에서 많은 이들은 자기의 성격 때문에 더 열심히 일하고 공부한다. 그것밖에 이들에게 주어진 무기는 없기 때문이다. 노력, 근검형이 될 수밖에 없는 숙명을 타고난 셈이다.

외향적인 사람은 화려하다. 갖춘 것도 많고 인기도 좋다. 어딜 가나 사람들로부터 귀여움도 받고 인정도 받는다. 여기저기 불려 다닌다. 자기가 가지고 있는 것을 충분히, 아니 그 이상 발휘할 수 있으니 크게 노력을 하지 않아도 사람들이 예뻐해 준다. 그렇게 모든 것이 외부로부터 채워지니 어떤 사람들은 더 이상 스스로 채워야 할 필요를 느끼지 못해서 노력하지 않는 경우도 있다.

외향적인 사람들은 화려하고, 확실히 그들에겐 주어진 것이 많다. 축복이 아닐 수 없다. 하지만, 내향적인 사람이 더 열심히, 그저 열심히 공부하고 준비한다면, 수십 년이 지난 먼 훗날 두 사람의 인생은 어떻게 달라져 있을까? 어느 쪽의 삶이 더 풍성할 것이라고 생각하는가? 정말로 축복받은 성격은 어느 쪽일까? 당신의 대답이 궁금하다.

신경림

1936~ . 충청북도 중원에서 태어나, 1960년 동국대학교 영문과를 졸업하였다. 작품 세계는 주로 농촌 현실을 바탕으로 농민의 한과 울분을 노래한 것으로 알려져 있으며, 우리 민족의 정서가 짙게 깔려 있는 농촌 현실을 바탕으로 민중들과 공감대를 이루려는 시도를 꾸준히 하고 있다. 《새재》, 《달넘세》, 《남한강》, 《길》 등의 시집이 있다.

길의 유혹

어려서부터 내게는 바람기 같은 것이 있었던 것 같다.

우리 고장은 이십 리 밖에 신작로가 새로 생기기 이전의 옛 국도 연변에 있었다. 서울을 왕래하는 차들은 당연히 신작로를 이용했지만, 도보 여행자들은 아직도 옛길을 잊지 않고 있어, 영남에서 새재를 넘어 서울로 가는 길손들이 삼삼오오 짝을 지어 지나는 것을 구경하는 것이 어린 내게는 커다란 기쁨 중의 하나였다. 특히 내가 생각해 낼 수 있는 가장 오랜 기억의 하나는 소장수들의 행렬로서, 뉘엿뉘엿 넘어가는 저녁 햇살을 발갛게 가슴에 안은 채 길게 그림자를 드리우고 소를 모는 그들의 모습은 매우 감동적인 것이었다.

아주 어려서 할아버지가 여러 사람 앞에서, 너는 커서 무엇이 되겠느냐고 물었을 때, 장차 소장수가 되겠다고 서슴없이 대답하여 할아버지를 크게 낭패시킨 일도 있었다.

소학교에 입학하자 이러한 바람기는 먼 고장, 먼 나라에 대한 그리움으로 틀이 잡혀갔다. 이학년 때 나를 사로잡은 선생님이 있었는데, 그는 만주에서 한 철을 살다 온 사람이었다.

수업을 시작하기 전 잠시 책을 덮은 채 그는 때때로 만주 얘기를 했다. 고랑을 베고 난 끝없이 넓은 벌판, 기차를 타고 하루를 가고 이틀을 가고 사흘을 가도 끝나지 않는 벌판……. 마침내 나는 커서 여행가가 되겠다고 결심하기에 이르렀다.

해방이 되자 많은 사람들이 외국에서 돌아왔다. 우리 반에도 일본에서 학교를 다니던 아이가 하나 전입해 들어왔고, 전쟁으로 해서 폐쇄되었던 광산은 귀환 동포로 새 마을이 형성되면서 활기를 되찾았다. 그러나 해방이 내게 가져다 준 보다 큰 선물은 장날이었다.

그 동안 금지되었던 장이 다시 서게 된 것이 무엇보다도 나는 기뻤다. 장날이면 수업이 끝나는 대로 교문을 빠져나와 진종일 장바닥을 헤매면서 이곳저곳을 기웃거렸다. 특히 내 눈길을 끄는 것은 책전이었는데, 화려하게 진열되어 있는 울긋불긋한 표지의 얘기책들을 읽고 싶어 나는 견딜 수가 없었다.

시골장은 파장이 일렀다. 해가 아직 한 뼘이나 남아 있는데도 장꾼들은 좌판을 거두었고, 거나하게 취해서 다음 장을 향해 길을 재촉했다. 나는 개울가까지 따라나가 봇짐을 지거나 자전거에 실은 장꾼들이 거의 모두 보이지 않게 될 때까지 송진 냄새가 짙은 난간에 앉아 있는 것이 예사였다. 너무 늦게까지 돌아오지 않는 바람에 집에서 나를 찾느라 한바탕 소동이 벌어지는 것도 드문 일이 아니었다.

나는 때때로 아버지가 장꾼이 되지 않은 것에 대하여 불만을 내색하기도 했다. 그러나 어른들은 아무도 내 말을 상대해 주지 않았다. 내가 우리 앞에 방물 장수를 존경하게 된 것은 극히 당연한 일이었다.

그가 지게처럼 지고 다니는 잡화 진열장에는 없는 것이 없었다.

모조 반지가 있고 참빗이 있고 비녀가 있었다. 색실이 있고 수틀이 있고 화장품이 있었다. 나는 이 요술쟁이처럼 신기한 방물장수에게 마주칠 적마다 공손하게 인사를 했지만, 그는 번번이 나를 무시하거나 아주 불편한 얼굴을 했다. 그는 나를 싫어하는 것이 분명했고, 이 사실을 깨닫자 나는 슬퍼졌다.

이 방물장수가 내 첫나들이의 길동무가 되었다는 것은 두고두고 생각해도 뜻있는 일이라 하지 않을 수 없었다. 그는 십 리쯤 떨어져 있는 산골 마을로 시집간 고모네 먼 친척 일가였는데, 내가 하도 고모네 집엘 가고 싶어하니까 할머니가 그에게 딸려 보낸 것이었다.

겨울방학이 시작된 지 며칠 뒤였지만 햇볕은 봄날처럼 따뜻했고, 밭 사이로 난 들길에는 행인의 발걸음이 뜸해 노랗게 잔디가 깔려 있었다. 그는 잡화 진열장을 진 채 말없이 앞서서 걷고, 나는 말없이 그 뒤를 따랐다. 마을 앞을 지나다가 단골이라도 만나면 그는 진열장을 세우고는 물건을 구경시켰고, 그러면 나도 매번 신기스러운 눈으로 물건들을 구경했다. 이러느라 십 리 길을 가는 데 한나절이 걸렸다. 고모네 집 앞에 도착하자 그는 집을 알려 주기만 하고 이내 잡화 진열장을 지고 일어섰다. 고개를 넘어 다시 산길 십 리를 걸으면 이웃 장터가 있고, 그는 그 장을 보기 위해 길을 재촉하는 것이었다.

이 첫나들이로 길이 나자 내 나들이는 잦아졌다.

친구들과 패를 짜서는 옛 국도를 곧장 올라가 역말이 있었다는 마을까지 가보기도 하고, 신작로가 난 쪽으로 길을 틀어 고갯마루까지 가서는 멀리 기차가 지나가는 것을 구경하기도 했다. 때로는 도시락을 싸들고 이웃 장까지 찾아가 장 구경으로 한나절을 보내기도 했다.

그러나 내가 나들이라 부를 수 있는 나들이를 처음 한 것은 오학년이 되어서였다. 지리부도를 꼭 사야 했는데 시골서는 구할 방법이 없었다. 나와 한 아이는 읍내까지 나가서라도 구하기로 합의를 했고, 집에서도 허락해 주었다.

서울과 반대쪽으로 옛 국도를 육십 리쯤 내려간 곳에 읍내는 있었다. 신작로까지 삼십 리를 걸어가 거기서 기차나 버스를 타는 방법도 있었으나 우리는 이 옛길을 걷기로 했다. 기차나 버스를 타는 절차에 자신이 없었기 때문이다.

우리는 아침 일찍 서둘러 출발했다. 논에 벼가 누렇게 익기 시작한 이른 가을이었다. 논 가운데 멋없이 서 있는 허수아비를 세면서 우리는 신이 나서 지껄여댔다. 산들바람이 불고 있었지만 한 십 리쯤 걸어 긴 고개를 접어들었을 때 우리의 이마에는 촉촉히 땀이 배어 있었다. 여기서부터 우리 면이 아니었다. 나는 행인과 마주칠 적마다 읍내가 몇 리나 남았는가 물었다. 우리가 읍내까지 간다는 일을 알리고 싶어 견딜수가 없었기 때문이다.

십 리를 더 가니 강이 나왔다. 짙푸른 물 위에 고깃배가 몇 척 떠서 오락가락하고 있었다. 강가에는 온통 수수밭이었다. 강바람은 세차고 수수밭은 끊임없이 술렁대고 있었다.

길은 줄곧 강을 거꾸로 따라가고 있었다. 잠깐 길이 산 속으로 숨는가 싶다가도 나와 보면 다시 강이었고 물새가 숨차게 울어댔다. 이십 리 강길은 참으로 아름다웠다.

탄금대 나루에 도착했을 때는 이미 한낮이 기울어 있었다. 강 저편에서 나룻배는 좀체 올 염을 내지 않아, 우리는 강가 돌자갈 위에 주저앉아, 싸 가지고 온 도시락을 먹었다. 감석을 잔뜩 실은 트럭과 함께 나룻배를 타고 강을 건너, 먼지가 심하게 이는 수수밭과 과수원으로 이어진 사잇길을 걸어 읍내에 들어섰을 때는 서산에 해가 두어 뼘밖에 남아 있지 않았다.

최근 나는 고향에 대한 꿈을 자주 꾼다. 무대는 언제고 옛 국도 연변이요, 때는 초가을이다. 물줄기가 새파란 강이 흐르고, 수숫잎이 바람에 출렁인다. 과수원과 수수밭이 바람에 출렁인다. 과수원과 수수밭이 이어진 사잇길에 감석을 실은 트럭이 먼지를 일으키며 달리고, 서산에 이제 막 해가 지고 있다.

물론 나는 이후 많은 길을 걸었다. 여행도 제법 했고 등산도 꽤 했다. 먹고 살기 위해서 걸은 길도 있고, 살아남기 위해서 걷지 않으면 안 되었던 길도 있다. 또한 학교에 오가느라 그 후에도 그 강길을 몇 번 걸은 일도 있다. 그런데도 길 하면 가장 선명하게 떠오르는 것은 그 초가을 강바람에 수수밭이 일렁이던 그 강길뿐이니, 알 수 없는 일이다.

이 년 전, 장시 〈새재〉를 쓰기 위해 시골을 다닐 때다. 오후 늦게 충주에 닿았는데, 문득 다시 이 길이 걷고 싶었다. 잘 포장돼 있는 길을 걸어 탄금대까지 나와서는 콘크리트 다리를 건넜다. 강기슭에는 곳곳에 행정 지시 및 구호를 알리는 입간판이 서 있었고, 덕지덕지 시멘트가 칠해져 있었다. 얼마 걷지 않아 해가 저물었기 때문에 식당에 들어가 저녁과 술을 시켰다.

유홍준

1949~ . 서울에서 태어나 서울대학교에서 미학을, 홍익대 대학원에서 미술사학을 전공했다. 저서로 《다시 현실과 전통의 지평에서》, 《정직한 관객》, 《80년대 미술의 현장과 작가들》, 《나의 문화유산 답사기 1~3》, 《나의 북한 문화유산 답사기》 등이 있다.

월출산과 남도의 봄

국토의 최남단, 전라남도 강진과 해남 일대의 답사길을 나는 오래 전부터 '남도 답사 1번지'라고 부르고 있다. 강진과 해남은 우리 역사 속에서 단 한번도 무대의 전면에 부상하여 화려하게 조명을 받아 본 일 없으니, 그 옛날의 영광을 말해 주는 대단한 유적과 유물이 남아 있을 리 없는 곳이다. 지금도 어쩌다 우리 같은 답사객의 발길이나 닿는 한적하고 조용한 고장으로, 그 옛날에는 은둔자의 낙향지이거나 유배객의 귀양지였을 따름이다.

그러나 월출산, 월남사 터, 무위사, 다산 초당, 사당리 고려 청자 가마터, 고산 윤선도 고택, 대둔사와 일지암, 그리고 땅끝 마을에 이르는 이 답사길에는 지순하게 아름다운 향토적 서정과 역사의 체취가 은은하게 살아 있다.

이 고장에는 유배 생활을 하면서 뜻있게 살다 간 사람들이 이루어 낸 진주 같은 유형과 무형의 문화 유산이 있고, 흙내음 속에 살다 간 농투성이와 도공의 애잔하고 꿋꿋한 삶의 발자취가 어려 있다. 그리고 지금도 변함없이 순박하고 건강하게 살아가는 토속적 생활을 엿볼 수 있을 뿐 아니라, 조국 강산의 아름다움을 오롯이 느끼게 하는 산과 들과 바다가 있다. 그래서 나는 이 곳을 주저 없이 '남도 답사 1번지'라고 불러 온 것이다.

여기서는 나주와 영암, 강진으로 이어지는 답사를 중심으로 한 '남도 답사 1번지'의 전반부를 이야기하고자 한다.

남도의 들판과 월출산

'남도 답사 1번지'가 시작되는 곳은 나주부터이다. 번화한 광주 시내를 빠져 나와 남평을 거쳐 나주 들판을 지나면서 비로소 남도 땅을 답사하는 느낌에 젖게 된다. 나주 평야의 넓은 들 저편으로 뻗은 산등성이의 완만한 곡선이 시야로 다가온다. 평평한 들판은 그지없이 넓은데도 산은 가깝게만 느껴지니 참으로 이상스럽다. 나는 이 곳을 지날 때마다 마치 길게 누운 여인의 등허리 곡선미처럼 느슨하면서도 변화가 있는 조화로운 리듬감을 느낀다. 남도 사투리에서 말끝을 당기며 '~잉' 소리를 내는 여운과도 같고, 구성진 육자배기의 끊길 듯 이어지는 가락과도 흡사한 묘미라고나 할까!

버스가 반남 들판을 지나 영암에 거의 닿을 무렵, 홀연히 나타난 검푸르고 육중한 바위산의 준수한 자태에 저절로 탄성이 나온다. 월출산은 마냥 신기하기만 하다. 부드러운 산자락이 끊길 듯 이어지는 넓은 들판에 어떻게 저런 골산이 겹겹이 쌓여 바닥부터 송두리째 온몸을 내보이고 있는 것일까! 월출산의 자태는 조각적이기도 하고, 한편으로는 대단히 회화적이다. 그러나 월출산의 아름다움은 계절에 따라, 시각에 따라, 보는 방향에 따라 각양각색이다. 겨울산 산봉우리에 하얀 눈이 덮여 있을 때, 아침 햇살이 역광으로 비칠 때, 옅은 안개가 수묵의 번지기처럼 봉우리 사이로 스미면서 공간미가 살아날 때, 그 정경은 각각 한 폭의 완벽한 풍경화이다.

이처럼 독특하고 신비스러운 남도의 들판과 월출산에 대한 정감을 누릴 수 있는 특권은 이 고장을 몸소 찾아가 본 사람들에게만 주어진다. 인간은 자신이 경험한 만큼만 느끼는 법이다. 그 경험의 폭이란 반드시 지적인 것에 국한된 것이 아니며, 직접 보고 듣는 삶의 체험을 모두 말한다. 답사나 여행이 인간의 다양한 삶과 정서 함양에 중요한 몫을 한다는 것은 바로 이런 점을 두고 하는 말이리라.

풀티재와 월남사 터

월출산을 오른쪽에 비껴 두고 버스는 이내 풀티재라는 큰 고개를 넘는다. 이 고갯마루는 영암과 강진을 갈라 놓는 경계 지점이다. 19년 동안이나 유배 생활을 한 다산 정약용 선생이 강진으로 귀양 가면서 이 고개를 넘었다고 한다. 그 때 바라본 월출산이 마치 고향에서 보던 도봉산과 너무도 닮아, 머리를 숙인 채 하염없이 눈물만 흘렸다는 가슴아픈 글을 남기게 한 곳이다.

풀티재가 끝날 즈음이면 넓은 들판과 함께 동그마니 자리잡은 마을이 나타난다. 여기가 월남리, 옛날에 월남사라는 절이 있던 곳이다. 우리의 명산에는 명찰이 있게 마련인데, 월출산에도 도갑사와 무위사를 세웠다. 그러나 월출산의 수려한 봉우리를 가장 잘 바라볼 수 있는 자리에 지은 절은 월남사이다. 지금은 퇴락하여 절집도, 스님도 없는 폐사지의 쓸쓸한 빈 터엔 3층 석탑 하나가 덩그러니 서서 그 옛날을 지키고 있다. 그런데 이 3층 석탑은 고려 시대의 유물이지만, 부여에 있는 백제시대 정림사지 5층 석탑의 늘씬하고 우아한 풍모를 본받아 주목되고 있다. 또, 절터 한쪽에는 우람하게 생긴 돌거북이 깨진 비석을 짊어지고 있다. 이 비는 월남사를 창건한 진각국사의 공적을 기록한 것으로, 비문은 당대의 문장가인 이규보가 지었다. 비문에 의하면, 이 절은 고려 무신 정권 때 실권자였던 최우의 발원으로 창건하였다고 하니, 그 예사롭지 않은 역사성을 미루어 알 만하다.

월남사 터 일대를 바라보는 정경은 매우 정겹다. 절터 주위에 들어선 마을의 집들이 탱자나무 울타리로 둘러싸여 있으며, 대밭에 안긴 듯한 토담집들에는 매화나무, 감나무 등이 정취 있게 꽃을 피우고 열매를 맺는다. 언젠가 여름 답사 때 본 3층 석탑 앞쪽 집 돌담을 타고 올라 갓 핀 능소화는 어찌 그리 곱고도 예쁘던지……

단아한 절집 무위사

'남도 답사 1번지'를 가장 멋지게 장식하는 유적은 아무래도 무위사다. 월남사 터에서 강진 쪽으로 3킬로미터, 길가의 안내판 화살표를 따라 샛길로 꺾어들어 다시 산 속으로 3킬로미터쯤 가면 무위사 입구에 당도한다. 무위사에는 일주문이 없으므로 천왕문을 지나면 곧바로 절집 마당이다. 수령이 수백 년 된 듯한 느티나무 아래에 서서 사위를 둘러보면, 월출산의 산자락에 안기듯 감싸인 절집이 더없이 안온하게 느껴진다. 도회의 일상적인 삶에 길들어 있는 사람들은 무위사에 당도하는 순간, 세상에 이처럼 질박하며 우아한 아름다움을 간직한 곳이 있다는 사실에 스스로 놀라곤 한다. '무위사'라는 이름조차 얼마나 매력적인가!

절 경내를 정면으로 바라보면 극락보전이 의연하게 서 있으며, 돌축대 앞에는 배롱나무가 자리잡고 서 있다. 극락보전은 지금부터 약 570년 전, 세종 12년(1430)에 지은 정면 3칸, 측면 3칸의 맞배지붕 건물이다. 결코 웅장하지도, 화려하지도 않지만, 그 단아한 품격이 돋보인다. 그러나 나는 어떤 미사 여구를 동원한다 해도 이 질박한 절집의 단아한 아름다움을 제대로 형언할 수 없다. 극락보전은 언제, 어느 때 보아도

'너도 인생을 내 모습처럼 가꾸어 보렴.' 하고 나에게 넌지시 충언을 들려 주는 것만 같다.

극락보전 안의 법당에는 고려 불화의 전통을 이어받은 후불 탱화가 있는데, 현존하는 벽화 중에서 최고 수준을 자랑하는 것이다. 섬려하기 이를 데 없는 이 불화는 무위사를 한국 미술사에서 빼놓을 수 없는 명소로 일컫도록 하고 있다.

남도의 봄

무위사 답사 일정을 마치고 강진으로 달리는 차창 밖으로는 남도의 봄빛이 마냥 정겹게 다가온다. 내 얼마나 예찬해 마지않는 남도의 봄인가! 이 곳에서 이 맘때면 느끼는 환희의 감정이 다시 솟아오른다.

올해는 유난히도 봄이 일찍 찾아온 것 같다. 강진 땅 이곳 저곳에서는 봄꽃이 지천으로 피고 진다. 산에는 진달래꽃이 곱게 피어 밝은 햇살 아래 연분홍 꽃잔치를 벌이고, 길가의 개나리는 노란 꽃 그늘 속에 연둣빛 새순을 내밀고 있다. 산자락에 안긴 듯한 초가집 뒤뜰의 동백나무에서는 윤기 나는 진초록 잎 사이로 핀 꽃송이들이 선홍빛 광채를 점점이 발하고, 토담 위 키 큰 살구나무에서는 하얀 꽃잎이 너울너울 떨어져 내린다. 이것이 바로 남도의 난만한 봄빛이다. 시뻘건 황토밭에서 일렁이는 보리의 초록 물결과 간간이 피어 있는 노오란 유채꽃이나 장다리꽃이 남도땅의 평상복이라면, 산과 마을에서 피고 지는 화사한 꽃들은 때가 되면 한 번씩 입어 보는 남도 땅의 연회복이라고나 할까!

아무리 생각해 보아도, 빨강, 초록, 노랑을 원색 그대로 사용하여 그림을 이처럼 화사롭게 그릴 수 있는 화가는 남도의 봄 외에는 없을 것 같다. 또, 이 같은 원색을 다양하게 변용하여 봄의 정감을 연분홍, 흑갈색, 연두색 등으로 생동감 있게 그려 낼 수 있는 이도 남도의 봄 이외에는 없을 듯하다. 먼셀 색상표는 서양 사람이 그들의 자연에 의존하여 만든 것이다. 그러므로 이 수치에 맞춘 그림 물감으로는 남도의 봄이 자연 그대로 그려 보이는 향연을 결코 실감나게 나타낼 수가 없다.

그렇다. 남도의 봄빛은 바로 단원 김홍도나 혜원 신윤복의 풍속화에서 엿볼 수 있는 우리 고유의 청순한 색감으로 은근히 다가온다. 그럴진대 연지빛, 치자빛, 쪽빛 같은 이채로운 남도의 색감을 달리 더 일러 무엇할 것인가? 남도의 봄은 우리 고유의 원색을 자연 그대로 펼쳐 보이면서, 우리가 영원히 간직해야 할 향토적 서정과 민족 고유의 정감에 마냥 젖어들게 하고 있다.

나는 남도의 봄, 원색의 대향연을 만끽한다.

　　　　　출처 : 《나의 문화유산 답사기 1》 (창작과 비평사)

이경희

1932~ . 서울 출생. 서울대학교 약대를 졸업했다. 수필집 《산귀래》를 출간하면서 작품활동을 시작했으며, 주요 작품으로 〈뜰이 보이는 창〉, 〈첫 애기의 출산기〉, 〈생일선물〉 등이 있다.

현이의 연극

두 시까지 오라는 현이의 말대로 부랴부랴 시민 회관으로 갔다. 현이가 예술제에서 연극에 출연하기 때문이다. 현이가 출연하는 연극 '숲 속의 대장간' 은 제2부의 첫 순서였다.

풀잎 역을 하게 되었다는 현이가, 그 동안 매일 학교에서 늦게 오고, 휴일에도 학교에 나가 연습을 하곤 할 때에 이상하게도 가슴이 두근거렸다. 마치 현이 혼자의 발표회나 되는 것처럼 흥분되어, 2부 순서를 기다리는 동안 무척 초조했다. 나는 현이의 모습을 상상해 봤다. 새벽부터 일어나서,

"분장을 해야 하니까 일찍 가야 해요."

하며 부산을 떨던 현이의 상기된 얼굴이 떠오르면서, 혹 무대 위에서 실수라도 하지 않을까 걱정이 되었다. 초등학교 3학년인 현이는 무대에서 본 경험이 없기 때문에 아마 더욱 흥분해 있을지도 모른다.

마침내 제2부가 시작되는 종이 울리고, 이어 불이 꺼졌다. 막이 오르자, 캄캄한 무대가 나타났다. 무대 중간을 비추고 있는 조명 속에 선녀가 서 있었다.

얼마 전에 현이가 모자 달린 푸른색의 옷을 가지고 와서,

"선녀 옷은 참 예쁜데, 참새 옷도 예쁘고……."

하며 자기 옷이 덜 예쁜 것에 대해 서운한 빛을 보인 적이 있었는데, 그 때 말한 선녀인 것 같았다.

얼마 후, 선녀는 없어지고 밝아진 무대 한가운데에 대장간이 생겼고, 그 뒤는 숲이 울창했다. 나는 현이가 언제 나올 것인가 열심히 지켜봤다. 숲 속에서 참새와 까치 떼가 대장간 앞마당에 날아와서 놀고 춤추고 하는 장면이 나왔지만, 풀잎 역을 맡은 현이는 그 때까지도 눈에 띄질 않았다. 나는 무대를 계속 지켜보며 현이의 모습을 기다렸다. 그러다가 문득, 아까부터 대장간의 배경을 이루고 앉아 있는 것에 눈이 갔다. 나는 그것이 풀잎들인 것을 알아 냈다.

'현이가 바로 저기, 저 많은 풀잎 중의 하나로 끼여 앉아 있는 거구나!'

순간, 지금까지 흥분해 있던 마음이 가시고, 실망되는 마음조차 터놓을 수 없는, 그런 야릇한 기분에 싸이고 말았다. 현이는 바로 그런 역을 맡고 있었다.

대장간 앞뜰에는 토끼도 나오고, 포수도 나오고, 동네 여인과 대장간 집 주인도 나와 익살스러운 대화를 주고받고, 그리고 때때로 참새 떼와 까치 떼가 이리저리 날아다니며 노래하고 춤추고 하는데, 풀잎들은 계속 줄지어 붙어 앉아서, 양손에 든 풀잎 그림판만 가끔 흔들 뿐이었다. 더군다나 양손에 든 풀잎 그림판으로 얼굴을 노상 가리고 앉아 있기 때문에, 그 많은 풀잎 중에서 어느 애가 현이인지 가려 낼 길이 없었다.

현이가 풀잎 역을 맡게 되었다고 했을 때, 저의 언니가

"너도 뭐라고 말하는 것 있니?"

하니까,

"그러엄!"

하기에, 제대로 무대에서 연기도 하고 대사도 하는 줄 알았던 것이다. 정확히 말을 한다면야, 풀잎들도 다 함께 입을 모아 무어라고 함성을 지르고 하니까, 아주 입을 다물고 있는 것은 아니기는 하였다.

조금 전만 해도 주위의 모든 관객들이 현이를 보러 온 것 같았는데, 그 사람들은 각자가 다 지금 한 가지씩 연기하고 있는 아이들의 가족들이고, 나만 그렇지 않은 것 같아 약간 서글픈 생각마저 들었다. 어쨌든, 나는 무대 위에서 벌어지는 중요한 장면을 보는 대신, 다닥다닥 두 줄로 붙어 앉은 풀잎의 움직임만을 보았다. 그 속의 어떤 풀잎이 현이인가를 찾아야 했기 때문이다. 손에 든 그림판을 양 옆으로 흔들 때에만 살짝살짝 보이는 얼굴이라, 그 순간에 현이를 찾아 내기란 쉬운 일이 아니었다. 이 풀잎도 현이 같고, 저 풀잎도 현이 같고……. 현이 같다는 생각을 하면 하나같이 현이라고 생각 안 되는 풀잎이 없었다.

사실, 우리 집 애가 반드시 남의 눈에 띄는 중요한 역을 맡아야 한다든지, 조금이라도 나은 역을 해야 한다는 생각은 조금도 없었다. 다만, 엄마는 자기 아이한테 제일 먼저 관심이 가게 되는 것이기 때문에, 현이가 눈에 띄지 않는 데에 실망하였을 뿐이다. 그러는 동안에 연극은 끝났다. 나는 현이를 찾으로 아래층으로 갔다. 얼굴에 빨갛고 꺼멓게 분장을 한 아이들 틈에서 한참 만에 현이를 찾았다. 물론, 현이 쪽에서 먼저 엄마를 부른 것이다.

"엄마! 나 하는 것 보았어요?"

현이는 나를 보자마자 그것부터 물었다. 이럴 때, 보았다고 해야 할지 못 보았다고 해야 할지, 얼른 생각이 나지 않아 망설이다가,

"응, 현이가 어느 쪽에 앉아 있었지?"

나는 대답 대신 이렇게 물었다. 혹시 못 보았다는 것을 알아채고 실망을 하는 게 아닌가 눈치를 살폈는데, 현이는 의외로 밝은 얼굴을 하

며,

"둘째 줄 끝 쪽에 앉아 있었어요."

하더니,

"엄마, 그럼 나 못 보았지? 아유, 난 내 뒤에 있던 참새가 앞으로 나
가면서 건드리는 바람에 모자가 벗겨져서, 그것을 엄마가 보았으면
어떻게 하나 하고 얼마나 걱정을 했는지 몰라. 금방 집어 썼는데, 엄
마 못 봤지?"

이렇게 말하는 것이 아닌가? 나는 현이의 이 말에 또 한 번 마음속으
로 놀랐다. 그리고 미안한 생각이 들었다. 비록 눈에 잘 안 띄는 풀잎
역을 하였지만, 현이는 풀잎으로서의 자기의 역할에 충실했으며, 엄마
가 자기를 꼭 보아 주리라는 확신 때문에 더욱 열심히 연기를 하였고,
오히려 자기의 실수를 엄마가 보았을까 걱정을 했던 것이다.

결국, 현이가 그러한 실수를 하지 않았다면, 엄마가 보지 못한 데 대
하여 실망을 했을지도 모를 일이다.

나는 분장을 해서 거의 얼굴을 알아볼 수 없는 현이에게 먹을 것을
조금 사 준 다음, 다음 순서를 보기 위해 자리로 돌아왔다.

논술 길잡이
(명수필선)

❶ 아래 그림은 이희승의 〈딸깍발이〉에 나오는 그림이다. 옛날 양반들의 지나친 자존심과 고지식한 면을 꼬집으면서도 한 편으로는 그들의 강직함을 배워야 한다는 내용을 담았는데, 이 글을 읽고 느낀 점을 써 보자.

논술 길잡이
(명수필선)

❷ 아래 글은 유홍준의 〈월출산과 남도의 봄〉에 나오는 것이다. '알게 되면 보이고, 보이면 사랑하게 된다' 는 작가의 생각이 잘 드러난 내용인데, 자신의 체험담과 연관시켜 써 보자.

> 이처럼 독특하고 신비스러운 남도의 들판과 월출산에 대한 정감을 누릴 수 있는 특권은 이 고장을 몸소 찾아가 본 사람들에게만 주어진다. 인간은 자신이 경험한 만큼만 느끼는 법이다. 그 경험의 폭이란 반드시 지적인 것에 국한된 것이 아니며, 직접 보고 듣는 삶의 체험을 모두 말한다. 답사나 여행이 인간의 다양한 삶과 정서 함양에 중요한 몫을 한다는 것은 바로 이런 점을 두고 하는 말이리라.

❸ 방정환의 〈어린이 찬미〉를 읽고, 그가 예찬한 어린이의 모습과 우리가 일상 속에서 보는 어린이가 같다고 느끼는지, 아니면 다르다고 느끼는지를 쓰고, 그 이유를 밝혀라.

_____

_____

_____

_____

_____

❹ 이양하의 〈신록예찬〉에는 신록의 아름다움과 그것에 대한 기쁨이 표현되어 있다. 나무와 숲의 필요성을 나름대로 생각해 보고 그것들이 사람들에게 주는 혜택에 대해 써 보자.

_____

_____

_____

_____

_____

논술 길잡이
(명수필선)

❺ 피천득의 〈은전 한 닢〉에 나오는 거지의 행동에 대해 어떻게 생각하는지, 그리고 거지가 왜 그렇게 했을까에 대해 각자의 생각을 쓰라.

....

....

....

....

❺ 전숙희의 〈설〉은 헌신적인 옛 어머니들의 사랑을 그리워하는 내용이다.
하지만 지나치게 여성의 희생만을 강조하는 내용도 많다. 여기에 대한 자신의 의견을 써 보자.

....

....

....

....

....

논·술·한·국·대·표·문·학 〈전60권〉

펴 낸 이   정재상
펴 낸 곳   훈민출판사
주   소   경기도 고양시 덕양구 원당동 416번지
대표전화   (031)962-3888
팩   스   (031)962-9998
출판등록   제395-2003-000042호